Heiko Flottau

Die Bande der Clans

Die arabische Welt besser verstehen

Herder

Freiburg · Basel · Wien

Originalveröffentlichung
Alle Rechte vorbehalten – Printed in Germany
© Verlag Herder Freiburg im Breisgau 1992
Herstellung: Freiburger Graphische Betriebe 1992
Umschlaggestaltung: Joseph Pölzelbauer
Umschlagfoto: Wolfgang Claus
ISBN 3-451-04126-X

Für Alexandra, Jens und Vincent

Inhalt

Zweites Kapitel
Jenseits der kulturellen Wasserscheide

Drittes Kapitel
Das Land am Nil – Kultur der Fellachen und Pharaonen

Viertes Kapitel
Wasser – Mangelware des Nahen Ostens

Fünftes Kapitel
Integristen – Fundamentalisten – Extremisten

Gibt es eine fundamentalistische „Gefahr"? 160   Bedrohte Regime 161   Die Furcht des Westens 162   Kein Grund zu Konfrontationen 163

Sechstes Kapitel
Die Gesellschaft der Clans

Fortschritte 165   „Weltrevolution der Verwestlichung" 168 Der Charakter der Arbeit 170   Jesus – der Orientale 171   Aufklärungen 173   Nahöstliche Klientelgesellschaften 175   Die Erbsünde des muslimischen Proletariats 177   Reaktionen 179 Bürgerkriege und Todfeindschaften 180   Politische Zwillingspaare 181

Vorwort

Dieses Buch befaßt sich mit der Region, die ich als Korrespondent im Auftrag der „Süddeutschen Zeitung" in den Jahren 1985 bis 1992 bereist habe. Das Berichtsgebiet mit Standort in Kairo umfaßt im wesentlichen die Arabische Halbinsel, den Irak, Syrien, Jordanien, den Libanon und Ägypten, nicht aber die Maghrebstaaten. Im Manuskript habe ich selber Erlebtes, Erarbeitetes und Gelesenes verwertet. Die Frage, welche mich am Anfang bewegte, spiegelte ein durchaus eurozentrisches Weltbild: Warum sind islamisch geprägte Länder hinter den europäischen so „zurückgeblieben"? Im Laufe der Jahre habe ich meine Sichtweise – il-hamdulillah, Gott sei es gepriesen, würde ein Araber einen solchen Wandel kommentieren – ein wenig korrigiert: Welches sind die historischen Gründe, die den Orient noch heute weitgehend in sich ruhen lassen, während sich Europa, ganz neutral gesagt, „entwickelte"? Daß trotzdem Herkunft und Identität in Wertungen einfließen, bleibt davon unberührt, ist gewollt und liegt jeder Berichterstattung zugrunde. Sonst könnten, zum Beispiel, deutsche Tageszeitungen Ägypter bitten, für sie die Auslandsberichterstattung aus dem Nahen Osten zu übernehmen; und Ägypter könnten deutsche Journalisten beauftragen, für die Publikationen Kairos über die Bonner Politik zu schreiben. Bei allem Bemühen, die Tatsachen objektiv darzustellen, muß die Wertung subjektiv bleiben, d. h. sie entspringt auch dem Wertesystem des eigenen Kulturkreises. Der Titel ist bewußt ambivalent gehalten. Trotzdem soll er in erster Linie die positiven Familienbindungen betonen, die sich im Orient erhalten haben. An „Banden" ist gedacht, wenn wie im Libanon Familienclans gegeneinander Krieg führen oder wenn wie im Irak eine Sippe ein ganzes Land in Besitz nimmt.

Kairo, im Frühjahr 1992
H. F.

11

Erstes Kapitel

Eine importierte Zivilisation

Die Gesellschaften der Arabischen Halbinsel

Man mag es für einfallslos halten, wenn Journalisten oder Buchautoren, die oft ohnedies zu den Vielfliegern gehören, einen ihrer Beiträge damit beginnen, wie sie im bequemen Großraumjet auf einem Großflughafen irgendwo in der Dritten Welt landen und von dort eine Reise ins Ungewisse beginnen. Dennoch hat eine solche Annäherung an den Kulturraum der Arabischen Halbinsel einen gewissen Sinn. Man fliegt, wenn man zum Beispiel aus dem seit Jahrtausenden bevölkerten und kultivierten Niltal kommt, Stunden über eine kaum enden wollende menschenleere Wüste, über ein kulturelles Brachland, wie man meinen sollte. Und doch haben in dieser Wüste und in den feuchtheißen Küstenregionen des Golfes und des Roten Meeres jahrtausendelang Menschen, heroisch fast, ge- und überlebt – eine Leistung, die nur selten richtig gewürdigt worden ist.

An den Küsten des Roten Meeres und des Persischen Golfes, den die Araber der Halbinsel seit den Tagen des irakisch-iranischen Krieges den Arabischen Golf nennen und den Journalisten dann in ihrer ewigen aber meistens vergeblichen Suche nach Neutralität und Ausgewogenheit den Persisch-Arabischen Golf titulieren – an den Küsten dieser beiden Meere überfliegt der Jet gelegentlich moderne Siedlungen und Städte. Auch sind Zeichen einer neuen Zivilisation zu entdecken. Mitten in der Unendlichkeit der Wüste Saudi-Arabiens sieht der Passagier riesige Kreise, die von oben wie Landeplätze für extra-terrestrische Wesen aussehen. Später, beim Nachfragen, stellt sich heraus, daß hier die Wüste kultiviert wurde, daß mit aus großen Tiefen gepumptem Grundwasser landwirtschaftliche Anbauflächen geschaffen worden sind. Rund sind diese, weil sie von einem jeweils etwa 500 Meter Durchmesser zählenden, rotierenden Sprüharm bewässert werden. Doch erst die mit dem Verkauf von Öl erzielten Einkünfte haben eine solche aufwendige Landwirtschaft möglich gemacht. Mehrere tausend solcher Anbauflächen hat das Königreich Saudi-Arabien geschaffen.

So eintönig die Wüste aus der Vogelperspektive erscheint, so monoton mag manchem die Modernität sein, die ihm in den in der Wüste entstandenen Städten begegnet. Ob man nun in Manama, der Hauptstadt des Inselstaates Bahrain, landet und vorher den 25 Kilometer langen Damm, der Bahrain mit Saudi-Arabien verbindet, überflogen hat, oder in Dubai, Abu Dhabi, Maskat, Riad oder Scharschah – überall wird man von Wahrzeichen einer makellosen, doch manchmal auch seelenlos erscheinenden Architektur erwartet. Bemerkenswert ist dies deshalb, weil man in Rechnung stellen muß, daß hier vor sechs Jahrzehnten fast nur Wüste war und die Menschen als Beduinen umherzogen oder in staubigen stadtähnlichen Siedlungen lebten. Über Nacht gleichsam ist hier eine den äußeren Anzeichen nach moderne Zivilisation entstanden.

Der eine Gott

Zwei „Revolutionen" hat jener Kulturraum, der heute im engeren Sinne die Arabische Halbinsel umfaßt, in den ersten zwei Jahrtausenden christlicher Zeitrechnung erlebt, wendet man diese hier im muslimischen Bereich einmal an: die Offenbarung des Korans an den Propheten Mohammed und die Entdeckung des Öls. Mohammed schuf die bisher letzte der großen monotheistischen Religionen. Europäische Heiden suchten, wie Hassan Fathi schreibt, Götter in Flüssen und Bäumen. Die Tendenz, in erster Linie den Himmel als den freundlichen Teil der Natur zu sehen, das theologische Konzept eines Gottes im Himmel, des einen Gottes im Himmel, könnte man hinzufügen, stamme aus der Welt der Hirten und Kameltreiber der Wüste, welche auf der Erde nur Geister und Dämonen sahen, die sich in den Sandstürmen tummelten. Judentum, Christentum und Islam verehren diesen himmlischen

Gott. Die Muslime nennen ihn Allah (von arabisch al-ilah – der Gott); Kopten in Ägypten sprechen gelegentlich noch heute von Allah, wenn sie (ihren christlichen) Gott meinen. Auch vor Mohammed gab es in Arabien al-ilah, Gott. Die Kaaba war als zentrales Heiligtum Arabiens (Fußnote: siehe dazu auch den Beitrag über die Wallfahrt nach Mekka, Seite 52) ursprünglich Stätte der Verehrung dieses Gottes. Mohammed erneuerte diesen Glauben, indem er an Judentum und Christentum anknüpfte und indem er das unstete Leben der Beduinen strengen Regeln unterwarf, ihm so ein neues religiöses und auch, man kann das so sagen, moralisches Korsett gab.

Mohammed war nämlich nicht nur Religionsstifter, sondern auch bedeutender gesellschaftlicher Reformer. Der von ihm gepredigte Islam, was so viel heißt wie Hingabe an Gott, die Unterordnung unter den Willen des *einen* Gottes also, ist eine Gesetzesreligion mit strengen Regeln für das tägliche Leben. Nur ein Beispiel: Mohammeds Anweisung, der muslimische Mann dürfe vier Frauen haben, wird noch heute im Westen oft mißverstanden. Mohammed meinte, so muß man diesen etwas unklaren dritten Vers der vierten Sure wohl interpretieren, „nur" vier Frauen (im Unterschied zu den bis dahin herrschenden Bräuchen); vier Frauen dürfe der Gläubige auch nur dann nehmen, verkündete der Prophet, wenn er sich um alle vier gleichermaßen kümmern könne. Zudem muß man in Rechnung stellen, daß durch die vielen Stammeskriege und durch die Feldzüge Mohammeds viele Frauen zu Witwen geworden waren; die Ehe mit einem bereits verheirateten Mann bot für diese Witwen vor allem sozialen Schutz, innerhalb der Gefolgschaft des Propheten schaffte sie eine gewisse Festigkeit der sozialen Strukturen. Auch Mohammeds Neuregelung des Scheidungs- und des Erbrechtes sollte vor allem die Position der Frauen stärken, welche bis dahin der Willkür des Mannes weitgehend schutzlos ausgeliefert waren. Malise Ruthven macht an einem Exempel auf einen „humanen" Zug des Koran aufmerksam. In der Bibel werde Adam wegen seines Ungehorsams verflucht, dagegen werde im Koran dieser Ungehorsam keineswegs als „Erbsünde" bewertet, Adam werde durch Gott vielmehr sogleich „Vergebung" zuteil. Adams Tat wird im

Judentum und Christentum zum „Sündenfall", im Islam wird der Ungehorsam eher als Ergebnis einer freien Entscheidung interpretiert, welche zu respektieren ist.

Der Islam mußte in seinem Ursprung vor allem eine der Erlebniswelt des Beduinen angepaßte, einfache, menschennahe Religion sein. Wer Muslim werden will, muß bekennen: „Ich bezeuge, daß es keinen Gott gibt außer Allah, und ich bezeuge, daß Mohammed der Gesandte Gottes ist." In einer Gesellschaft, in der die Kaaba, muslimischer Überlieferung nach von Abraham für den einen Gott gebaut, zum Zentrum des Heidentums geworden war, stellte allein dieses Bekenntnis eine gesellschaftliche Revolution dar. Ein Glaube, welcher von der „Einheit des Vaters, des Sohnes und des heiligen Geistes" spricht, wäre dem Beduinen sicher ein zu komplexes metaphysisches Gerüst gewesen, zudem hätte ihn ein solches Bekenntnis auch an die Vielgötterei erinnert, die der Prophet abschaffen wollte. So ist, bis auf den heutigen Tag, der Übertritt zum Islam eine einfache Prozedur. Wer dagegen den jüdischen Glauben annehmen will, muß sich langen Prüfungen unterziehen, wer zum Christentum „übertreten" will, sollte sich innerlich intensiv darauf vorbereiten.

Haben die Menschen, so wie der Prophet das wollte, die engen Stammesbindungen überwunden, haben sie sich unter dem Namen des *einen* Gottes geeint, sich seinem Willen unterworfen. Und: haben sie den durch die Ankunft der Petrodollars ermöglichten Sprung mit der Zeitmaschine aus dem islamischen Mittelalter – wenden wir europäische Maßstäbe hier einmal an – in die westliche Neuzeit innerlich nachvollzogen, haben sie ihre Lebensweise ähnlich „modernisiert"? Zunächst einmal: Wie ist dieser Kulturraum zu begrenzen, in dem die Araber ursprünglich lebten und in dem Mohammed der Koran offenbart wurde?

Wasser und die Geschichte Arabiens

Die Wüsten der Arabischen Halbinsel erstrecken sich praktisch bis nach Amman und Damaskus. Gäbe es Euphrat und Tigris nicht, wäre auch das Land, das heute der Irak ist, nichts als eine Fortsetzung der arabischen Wüstengebiete im Süden. Diese Wü-

16 *nicht nur für Beduinen!*

sten reichen mit ihren Ausläufern bis an jenen Bogen im Nordwesten, Norden und Nordosten heran, der als „Fruchtbarer Halbmond" gilt. Dieser erstreckt sich vom Yarmuk-Jordan-Flußsystem und dem Orontes im historischen Syrien (welches in osmanischer Zeit den heutigen Libanon, Israel und Jordanien einschloß) über die Winterregengebiete Syriens bis ins Zweistromland, das Euphrat und Tigris bilden. Städte wie Jerusalem, Aleppo, Damaskus und auch Bagdad haben aber eine ganz andere Bedeutung und geschichtliche Entwicklung als etwa das neue Riad oder das ältere Dschiddah, die weltoffenere, heute saudische Hafenstadt am Roten Meer. Denn charakteristisch für den „Fruchtbaren Halbmond" ist sein Wasserreichtum, der eine städtische Kultur hervorbrachte, die auf der Halbinsel nicht anzutreffen ist. Als die zum Islam bekehrten Araber aus den Wüsten Arabiens aufbrachen, den „Fruchtbaren Halbmond" eroberten und erst in Damaskus das Reich der Omajaden (661–750) und dann in Bagdad das Imperium der Abbasiden gründeten (das bis 1258 existierte), kamen sie in einen ganz anderen Kulturkreis, der sie zu höchsten wissenschaftlichen Leistungen anregte. Die philosophischen Schriften des antiken Griechenlandes wurden damals durch die Araber dem „Abendland" erhalten. Damaskus und Bagdad erblühten in dieser neuen arabischen Kultur, die Arabische Halbinsel wurde an die Peripherie gedrängt. In gewisser Weise trennt diese kulturelle Wasserscheide noch heute die arabische Welt.

Philip K. Hitti, der berühmte, 1886 im Libanon geborene Historiograph der arabischen Welt, unterscheidet auf der engeren Arabischen Halbinsel, der Heimat der zum Islam bekehrten Araber, die große Wüste al-Nufud im Norden und die riesige Rub al-Klali, die als das „leere Viertel" bekannte Wüste im Süden. Beide sind verbunden durch einen relativ schmalen Wüstenstreifen (al-Dahna) in der Mitte der Halbinsel. Westlich und östlich, nördlich und südlich der beiden großen Wüsten liegen riesige Steppen, welche sich bis an die Küsten der Halbinsel und bis an jenes Gebiet ausdehnen, das als „Oase von Damaskus" bekannt ist. Dieses im Süden noch heute von Stammesfürsten beherrschte Arabien ist in seinem Zentrum eines der trockensten und heißesten Gebiete der Erde. Der Hedschas, das Gebiet um die Städte Mekka und Medina und Geburtsort des Islam, kennt Dürreperioden von mehr als drei Jahren Dauer.

Nur in den Oasen im Inneren der Halbinsel und besonders in den Berggebieten des Jemen und Omans liegen landwirtschaftlich nutzbare Gebiete. Die Monsunregen bringen Teilen Omans und den Berggebieten des Jemen Wasser. Wüste, in erster Linie, und Wasser an den Randgebieten sind demnach die entscheidenden Faktoren des engeren Kulturraumes der Arabischen Halbinsel. Die Kontraste liegen eng beieinander – hier der fruchtbare und „luxuriöse" Süden Omans und des Jemens, ein „Garten Eden", wie manche gesagt haben, und dort die Region des Nordostens, eine „veritable Hölle" (wie sich die Cambridge History of Islam ausdrückt). Arabia Deserta hat man das trockene, wasserlose Gebiet genannt, Arabia felix die Berggebiete des Jemen. „Wasser ist demnach die alles entscheidende geographische Determinante in der menschlichen Geschichte Arabiens" (Cambridge History of Islam).

Hittis Beschreibung arabischer Geschichte endet praktisch mit dem Einmarsch Napoleons nach Ägypten im Jahre 1898. Diesen Einschnitt beschreibt der Autor so: „Bis zu dieser Zeit lebten die Menschen der arabischen Welt im allgemeinen ein selbstzufriedenes, traditionelles, konventionelles Leben, ohne Fortschritt und nicht gewahr des Fortschrittes der Außenwelt. ... Dieser abrupte Kontakt mit dem Westen gab ihnen den ersten Schlag, der half, sie aus dem mittelalterlichen Schlummer zu erwecken." Mittelalter? Die Einteilung der europäischen Geschichte in Altertum, Mittelalter und Neuzeit ist für die islamische Welt kaum relevant. Das, was wir im europäischen Sinne „Neuzeit" nennen, ist auf der Arabischen Halbinsel allenfalls durch die äußeren Zeichen „moderner" Zivilisation wie Hochhäusern und Straßenverkehr präsent. Hinter den Fassaden dieser importierten Zivilisation existieren weiterhin viele traditionelle Strukturen der Stammesgesellschaft. Diese Stammesgesellschaft hat auch schon Mohammed, der Prophet, Innovator und gesellschaftlicher Reformer, vorgefunden – in den Bergen des Jemen wie in den großen Wüsten. Bis 1918 war, zumindest nominell, das Osmanische Reich Souverän der Halbinsel und des Fruchtbaren Halbmondes. Modernisierung war von den Sultanen in Istanbul nicht zu erwarten. Nach dem ersten Weltkrieg hat sich im Zweistromland, in Syrien und in Palästina eine Staatenwelt gebildet, welche sich politisch und kulturell von den heutigen Stammesfürstentümern der Halbinsel unterscheidet. Nach dem zweiten Weltkrieg wollten die Herrscher Syriens und des Irak mit Hilfe einer importierten Ideologie, der sozialistischen Baath-Idee, sogar moderne Nationalstaaten gründen. Diese Transformation ist allenfalls ansatzweise gelungen. Ideologie und orientalische Despotie haben in Syrien und im Irak zu einem Totalitarismus geführt, welcher den Stämmen der Halbinsel weitgehend fremd ist. Der Krieg um Kuwait, ausgelöst durch den Einfall des orientalischen Despoten Saddam Hussein in die ölreiche Welt der Stammesfürstentümer, machte die politische und kulturelle Wasserscheide auf andere Weise deutlich, welche die Halbinsel und das Zweistromland heute noch trennen. Den Krieg wollte er, hatte der unter der Flagge des Sozialismus modernisierende Diktator Saddam Hussein einst gesagt, in die „Schlafzimmer der Prinzen" tragen. Diese Prinzen regieren absolut, oft absolutistisch, ihre Geheimpolizei ist effektiv, oft von den Briten, der ehemaligen „Schutzmacht", organisiert.

Aus Stämmen werden Staaten

Merkmal des Daseins auf der Halbinsel – und nun sprechen wir von jenem Gebiet, auf dem die Familienfürstentümer der Sabahs (Kuwait), Khalifas (Bahrein), der Thanis (Qatar), der Maktums in Dubai, der Nahayan in Abu Dhabi und das Familienkönigreich der Al-Saud liegen (Al bedeutet in diesem Falle soviel wie Familie und stellt nicht den bestimmten Artikel dar), ist seit Jahrhunderten das Leben im Rahmen der Stämme, der Großfamilien, der Clans. Schon zu Zeiten des Propheten war das so. Mohammeds Ziel, die Loyalität zum Stamm zu ersetzen oder doch zu ergänzen durch Loyalität, die vorwiegend dem einen Gott, Allah, gilt, ist auch heute nicht voll erreicht. Wie vor des Propheten Geburt verharrten viele Stämme der Halbinsel bis in die jüngste Vergangenheit in ihren traditionellen Fehden. „Sei Deinem Stamm gegenüber loyal, sein Anspruch auf seine Mitglieder ist stark genug, einen Mann dazu zu bringen, seine Frau zu verlassen" – so lautete, wie Hitti schreibt, eine Beduinenregel. Zum Alltag des Stammeslebens gehörte der Ghazzu – der fast rituell zelebrierte Ausritt in die Wüste, nach den Worten des Briten Sir Glubb Pascha ein Mittelding zwischen dem Rittertum König Arturs und britischem Kricket. Daneben gab es den Überfall auf jene Karawanen, die durch Stammesgebiet reisten, ohne dafür vorher bezahlt zu haben. Dabei gab es, wenn die Regeln eingehalten wurden, keinen Diebstahl von Waren und keine Belästigung der Frauen; Ziel des Beutezuges waren die Kamele.

Nationalstaatliche Grenzen paßten nicht in eine solche Stammesgesellschaft. „ Imaginäre Linien in der Wüste, an denen sich die Stämme sammeln" – nichts anderes stellten „Grenzen" für einen Mann wie Abdul Asis Ibn Saud dar, den Gründer des Königreichs Saudi-Arabien. Jahrhundertelang lebten die Stämme in Fehde miteinander. Die Geschichte setzte sich im immer gleichen Reigen fort. Stammesgrenzen wurden abgesteckt und wieder überschritten, Friede wurde geschlossen und wieder gebrochen – bis der Persische Golf für Portugiesen, die nach Indien segelten, und später für die Briten und ihr Indisches Reich so wichtig wurde, daß ihnen eine gewisse Stabilität der Stammesgrenzen opportun erschien – und bis Öl das Leben auch in Arabien veränderte. Da stand der ewige Film der wechselnden Stammesgrenzen, der wechselnden Stammes-Koalitionen plötzlich still.

Eine Momentaufnahme wurde zur Schlußaufnahme. Stammesgebiete wurden zu Staaten, Herrscherhäuser zierten sich mit Flaggen, Grenzposten wurden errichtet, an denen man Pässe verlangte, das europäische Prinzip des der Region und des Islam eigentlich fremden Nationalstaates hielt Einzug auf der Arabischen Halbinsel. Der Film der ewig wechselnden Loyalitäten hätte ebensogut 100 Jahre vorher oder 50 Jahre später zu Ende gehen können. Die Staatenwelt der Arabischen Halbinsel hat in ihrer heutigen Form ihre Existenz britischem Einfluß, vor allem aber auch dem Öl zu verdanken. Der Krieg, den Abdul Asis Ibn Saud im Januar 1902 mit der Rückeroberung von Riad begann, wurde – ganz unerwartet – zum letzten bedeutenden Stammeskrieg der Halbinsel. Riad, damals ein staubiger, nicht sehr bekannter Wüstenort, ist heute Hauptstadt des die Arabischen Halbinsel dominierenden Staates. Er heißt *Saudi*-Arabien, benannt nach seinem Besitzer, der Familie Saud. Auch die anderen „Staaten" der Halbinsel sind, abgesehen vom Sonderfall Jemen, noch im „Besitz" einer Familie, eines Clans, einer Dynastie. Auch moderner erscheinende Staaten wie Syrien und der Irak sind in gewisser Weise noch familiär regiert. Das prägt die gesamte Politik der Region.

Die Familiendynastien Arabiens

Riad – ein Los Angeles in der Wüste

Wenn es denn einen Stadtplaner gibt, der das moderne Riad entworfen hat, dann muß er ein Amerikaner, ein Amerikaner aus Los Angeles gewesen sein. Auf einer Fläche von 40 mal 40 Kilometern, auf 1600 Quadratkilometern also, leben etwa 1,7 Millionen Menschen. Sofern sie Männer sind, dürfen sie ein Auto steuern, sofern sie Frauen sind, dürfen sie, dem strengen religiösen Verhaltenskodex entsprechend, nur in Begleitung ihres Ehemanns das Haus verlassen. Das Fahren eines Autos ist ihnen bis heute versagt, daran haben auch die kuwaitischen Frauen nichts geändert, welche während der Zeit ihres Exils in Saudi-Arabien von den etwas weniger strengen Sitten in ihrer Heimat erzählten.

Fußgänger gibt es kaum in dieser seelenlosen Megalopolis. Nur im alten Stadtzentrum mit seinen etwas engeren Gassen und Straßen findet sich so etwas wie orientalische Urbanität. Sonst fahren die Menschen auf kreuzungsfreien Straßen, im klimatisierten Buick, im Mercedes, Toyota oder im beliebten, wüstentauglichen, allradgetriebenen Geländewagen. Oft verbringen sie ihre Wochenenden außerhalb der Stadt in der Unendlichkeit der Arabischen Wüste im großen Beduinenzelt, das sich allerdings durch modernen Komfort wie Fernsehapparat auszeichnet. Die Wüste, die Jahrtausende ihre Heimat war und in der sie Jahrtausende heroenhaft ge- und überlebt haben, läßt sie bis heute nicht mehr los. Das traditionelle „Wüstenschiff", das Kamel, hat für den Transport von Personen zwar ausgedient, doch die Sehnsucht, die Klarheit der Wüste, des Himmels und der Sonne zu genießen, ist geblieben.

Sofern die modernen Saudis religiös sind und dies auch öffentlich zeigen wollen, spielen sie im Autoradio lautstark Verse aus dem Koran. Pflegen sie ihr anderes Gesicht, ihr westliches Image, ertönen aus den Lautsprechern Chris de Burgh und Tina Turner. Gehüllt in die traditionellen Dischdaschas, lange, dem Klima angepaßte, vor der Sonne schützende Umhänge, den Kopf bedeckt mit der Ghutra, dem weißen oder rot-weißen Tuch der Beduinen, rollt die saudische Männergesellschaft fast geräuschlos durch ihre Metropole, die fast über Nacht in der Wüste der Arabischen Halbinsel entstanden ist und deren Bevölkerung in Zeiten des großen Öl-Booms durch Zuzug und durch Geburtenüberschuß im Schnitt um acht Prozent pro Jahr gewachsen ist. Markante Punkte kennt dieses Riad kaum, es sei denn, man nennt die Wahrzeichen der Moderne: den Fernseh- oder den Wasserturm oder eines der vielen, oft sehr geschmackvollen, aber doch stets eine Nummer zu groß geratenen Regierungs- oder Repräsentationsgebäude.

Der Scheich und der Prediger

Was bewegt diese Gesellschaft, was sind ihre Ursprünge? Wo ist das Herz der Hauptstadt, wo das Wahrzeichen ihrer Geschichte? Man findet es nur schwer. Kein Monument des Staatsgründers wird den Fremden gezeigt, kein Grabmal. Der hier besonders streng ausgelegte Islam verbietet die Abbildung eines Führers oder Königs. Man muß daher schon ordentlich suchen, um ein Symbol des Ursprungs zu finden. Irgendwo, eingekeilt zwischen die Sinnbilder der Moderne, findet man es: Masmak, die alte Lehmfestung. Der junge Saudi, welcher sich als Führer anbietet, ist einer jener vielen im Westen ausgebildeten Männer, die so etwas wie einen neuen akademischen Mittelstand im Königreich der Familie Saud bilden. Sein Englisch ist vorzüglich. Er deutet auf eine Tür aus massivem Holz und auf einen in ihr eingegrabenen Eisensplitter. „Dies ist die Spitze jenes Speeres, den Abdul Asis auf den fliehenden Adschlan, den Gouverneur von Riad schleuderte", sagte er. „Und hier", fügte der Führer etwas später, im ersten Stock der

22

Feste hinzu, „hier fand Adschlan durch die Hand des Abdul Asis aus dem Hause der Saud schließlich den Tod."

Das geschah am 16. Januar des Jahres 1902. Dieses Datum markiert die Geburtsstunde des heutigen saudischen Staates. Es dauerte noch drei Jahrzehnte, bis dieser Staat wirklich als territoriale Einheit existierte und so etwas wie eine Regierung hatte. Um diese drei Jahrzehnte zu verstehen, muß man eineinhalb Jahrhunderte in der Geschichte zurückgehen, mitten in die Wüste der Arabischen Halbinsel, in einen kleinen, heute nur noch in Ruinen verhandenen Ort namens Diraiyah. Dort trafen sich um das Jahr 1744/45 Mohammed Ibn Abdul Wahhab und Mohammed Ibn Saud.

Abdul Wahhab, ein religiöser Reformer, war der Meinung, daß sich der Islam seit den Zeiten des Propheten von seinen Ursprüngen entfernt hatte. Deshalb predigte es die Rückkehr zum „reinen Islam" und zog in der zentral-arabischen Region des Nedsch gegen einen Volksglauben zu Felde, der sich u. a. durch das Beten an Heiligengräbern dokumentierte. Nach der Lehrmeinung von Abdul Wahhab gebührt nur Gott allein die Verehrung des Muslim. So trat Abdul Wahab für die Zerstörung von Heiligengräbern und für das Fällen von Bäumen ein, die manchen Gläubigen als heilig galten. Auch forderte Abdul Wahhab die Wiedereinführung der Scharia, des islamischen, auf dem Koran beruhenden Rechtssystems. Die Anhänger Abdul Wahhabs werden im Westen heute „Wahhabiten" oder „Wahhabis" genannt, eine in Saudi-Arabien verpönte Bezeichnung. Selbst nennen sie sich „Muwahhidun", (von arabisch „wahhid", das bedeutet eins), Bekenner der Einheit Gottes. Die Lehre der Muwahhidun ist heute Staatsreligion in Saudi-Arabien. Daher gibt es in Riad keinerlei Gräber oder Monumente, die an den Staatsgründer oder an die bisher regierenden Könige erinnern.

Zum sozusagen weltlichen Partner Abdul Wahhabs wurde seinerzeit Ibn Saud, Führer des Clans der Sauds, eines der vielen die Halbinsel bevölkernden Stämme. Dieser suchte von seinem Stammsitz Diraiya aus die Vergrößerung seiner Macht. Die beiden Männer taten sich zusammen. Ibn Saud versprach die Anwendung der strikten Lehren Abdul Wahhabs in jenen Gebieten,

23

welche er erobern würde; Abdul Wahhab versprach nicht nur Hilfe bei den saudischen Eroberungen, sondern auch eine, wie wir heute sagen würden, Staatsideologie, die das zu erobernde saudische Gebiet von anderen unterscheiden, ihm also eine andere, fundiertere Legitimität geben würde als jene, die nur auf Waffengewalt beruht. So hatte schon der Prophet gehandelt. Ibn Saud, der mit seiner Familie Diraiyah beherrschte, machte Abdul Wahhab zum Kadi, zum Richter. Um dieses Bündnis zu untermauern, knüpfte er, wie in der Stammesgesellschaft (freilich auch unter den Dynastien des europäischen Mittelalters) üblich, zarte Familienbande. Er machte Abdul Wahhab zu seinem Schwiegersohn.

Zwei saudische Staaten

Das Bündnis zwischen dem Prediger und dem Stammesfürsten erwies sich schnell als überaus erfolgreich. Am Ende des 18. Jahrhunderts hatte die Familie Saud große Teile der Arabischen Halbinsel erobert. 1803 wurde die heilige Stadt Mekka, 1806 die heilige Stadt Medina erobert. Die Glaubenskrieger der Wahhabi-Muwahhidun kamen bis nach Damaskus, im Südirak brandschatzten sie heilige Stätten der Schiiten in Kerbela und Nadschaf. So bedrohlich erschien dem Sultan in Istanbul schließlich die saudische Expansion, daß er seinen mächtigsten Vasallen, Muhammed Ali von Ägypten, beauftragte, in Zentralarabien zu intervenieren. Sieben Jahre brauchten die Ägypter, bis sie Diraiya und mit der Stadt das saudisch-wahhabische Reich zerstört hatten.

Doch schon sechs Jahre später schuf ein Nachfolger des ersten Staatsgründers, Turki Ibn Abdallah Ibn Mohammed Ibn Saud, eine zweite saudisch-wahhabische Machtbasis. Diesmal war ein kleiner Wüstenort namens Riad Zentrum des Stammesfürstentums. Das zweite saudische Reich hatte nicht die Ausdehnung des ersten, aber es erhielt die Lehre der Muwahhidun und den Machtanspruch der Al-Saud lebendig. 1891 brach auch das zweite saudisch-wahhabische Reich zusammen. Der Sultan in Istanbul hatte den Führer des Stammes der Schammar, Ibn Raschid, gegen seinen alten Feind, die Familie Saud, unterstützt. Ibn Raschid eroberte Riad und vertrieb die Al-Saud.

Es dauerte nur wenig mehr als ein Jahrzehnt, bis ein weiterer Nachfolger Muhammed Ibn Sauds auszog, Arabien zu erobern oder, etwas zurückhaltender ausgedrückt, die Stämme Arabiens unter der Führung der Familie Saud zu einigen. Die den Schammar unterlegene Familie hatte Zuflucht bei einer Familie gesucht, welche im Norden der Halbinsel damals schon seit etwa eineinhalb Jahrhunderten ein kleines Stammesfürstentum beherrschte. Die Sauds gingen zu den Sabahs nach Kuwait, wo ein Fürst namens Mubarak, der später der „Große" genannt wurde, herrschte. Ende des Jahres 1901 bat Abdul Asis Ibn Abdul Rahman Ibn Faisal al-Saud seinen Vater und seinen Gastgeber, den Emir Mubarak, sein Glück versuchen zu dürfen und die Schammar wieder aus Riad zu vertreiben. Im Westen wird dieser Gründer des saudischen Königreiches entweder einfach Abdul Asis oder Ibn Saud genannt.

Was damals begann, schien zunächst nichts anderes zu sein als einer jener ständigen Rache- und Beutezüge, einer jener vielen Stammeskriege, durch welche die Geschichte der Arabischen Halbinsel seit Jahrtausenden geprägt war und die auch der Prophet Mohammed durch den reformerischen Akt, die Stämme mit einer neuen, monotheistischen Religion zu einigen, nicht in eine andere Richtung hat lenken können. Der Islam, der Glaube an den einen Gott kam, doch der Film der ewigen Stammesfehden lief weiter. Der neue Glaube ließ die arabischen Stammesgesellschaften in neuem Gewand entstehen, überwand aber keineswegs ihr wesentliches Merkmal: das Denken in den Kategorien der Großfamilien und der Clans. Uns im mutmaßlich aufgeklärten Westeuropa erscheinen solche Verhaltensweisen arachaisch. Doch bis zu den Revolutionen des 18. und 19. Jahrhunderts haben europäische Gesellschaften nach ähnlichen Kriterien funktioniert. Warum auch soll die Geborgenheit des Clans, die Bindung an Familie und Stamm a priori etwas Abzulehnendes sein? In der Wüste war die Gesellschaftsordnung einer patriarchalischen Stammesdemokratie vielmehr überlebenswichtig. Der „Nächste", der Hilfe erwarten konnte und von dem man Unterstützung fordern durfte, war immer ein Clanmitglied. Erst als sich in Europa die großen Familiendynastien auflösten und sich eine Massendemokratie entwickelte, erschien uns das Leben zuvor als „archaisch".

Abdul Asis, der sich 1901 aufmachte, Riad zu erobern, wurde indessen zum Gründer des Königreiches Saudi-Arabien. Dieser Gründer des gegenwärtig noch bestehenden saudischen Staates, regierte bis zum Jahre 1953. In seinem Leben hat er viele Versionen seiner Odyssee zum besten gegeben: wie er sich in Begleitung nur weniger Getreuer aus Kuwait aufmachte, abseits der gängigen Karawanenrouten (um nicht entdeckt zu werden) die Wüste durchquerte, wie er nächtens mit den ermüdeten Kriegern die Mauern der Lehmfeste Masmak in Riad überstieg und dann im Morgengrauen die völlig überraschten Krieger der Schammar, den Gouverneur Adschlan und die Rascheeds tötete. So sah die Geburtsstunde eines Staates aus, der heute zu den reichsten der Welt gehört.

Ibn Sauds dreißigjähriger Krieg

Doch es waren nicht nur Abdul Asis Ibn Saud und seine Krieger, welche im Januar 1902 den staubigen Wüstenort Riad eroberten. Ein Bündnispartner war jener Abdul Wahhab, mit dem einer der Urväter der Familie Saud 1745 einen Pakt geschlossen hatte. Beide Seiten erfüllten ihr Versprechen: Die Familie Saud proklamierte den strengen, puritanisch geprägten Islam Abdul Wahhabs. Dafür konnte sich Ibn Saud bei seinen Eroberungen auf den Ikhwan stützen, auf jene fanatischen Glaubenskrieger, die im Namen Abdul Wahhabs den Islam reinigen und die Lehren Abdul Wahhabs auf der Arabischen Halbinsel verbreiteten. So wurde der Expansionsdrang Ibn Sauds von Anfang an religiös untermauert, oder auch verbrämt, wenn man eine kritischere Formulierung bevorzugt. Die Lehren der Mūwahhidūn wurden zur Ideologie des entstehenden Stammesfürstentums. Ibn Saud und seine Krieger versuchten, so viel Territorium Arabiens zu erobern wie nur möglich. Doch ihnen waren Grenzen gesetzt. Im Osten, am Persischen Golf, hatten sich seit langem die Briten festgesetzt. Schutzverträge hatten sie mit vielen der einheimischen Herrscher geschlossen. Mit den Sabahs in Kuwait, mit den Kahlifas in Bahrain, mit den Fürsten in Abu Dhabi, Dubai und Scharschah. (Ibn Saud wollte sich diesem Vertragssystem zunächst sogar anschließen.) Im Osten und Süden lag der bergige Jemen mit einem Volk wehrhafter Bergbauern, das sich leichter Unterwerfung entzog.

Doch diese Verluste, wenn man sie denn so nennen will, konnten Ibn Saud und seine Glaubenskrieger leicht verschmerzen. Im Jahre 1924 gelang es ihnen nämlich, in das Herz des Islam und der Halbinsel vorzudringen. Sie eroberten Mekka und Medina und vertrieben das Herrscherhaus der Haschemiten, welche dort Jahrhunderte die Einnahmen aus der Pilgerfahrt für sich verbucht hatten. Der Herrscher von Mekka, Hussein Ibn Ali, führte seine Familie in der damals 83. Generation auf Haschim zurück, einen der Vorväter des Propheten. Mohammeds Name lautete insgesamt: Mohammed Ibn Abdullah Ibn Abdul Muttalib Ibn Haschim. (Die Haschemiten herrschten später, bis 1958, im Irak, noch heute sind sie die Herren Jordaniens.)

Mit der Eroberung der heiligen Stätten hatten die Glaubenskrieger Ibn Sauds eines ihrer Hauptziele erreicht, das Vermächtnis Abdul Wahhabs war erfüllt worden. Im Jahre 1926 rief sich Ibn Saud zum König des Hedschas, des Gebietes um Mekka und Medina aus, einige Jahre gab es ein Doppelkönigreich aus dem Hedschas und dem Nedsch, der Heimat der Familie Saud. 1932 schließlich rief sich Ibn Saud zum König aus, ein Familienkönigreich, *Saudi*-Arabien, war entstanden. Doch nicht nur Krieg war seine Grundlage. Ibn Saud griff auch auf ein Mittel zurück, das schon der Prophet genutzt hatte, Arabiens Stämme zu einigen. Mit verschiedenen Frauen aus verschiedenen Stämmen zeugte er 43 Söhne und viele Töchter. So – und durch reichliche finanzielle Zuwendungen – machte er sich viele Stämme gefügig, so versuchte er, die zentrifugalen Kräfte der Stämme einzubinden in den neuen, übergreifenden Stammtesstaat. Einen solch großen Verbund hatte es seit der Zeit des Propheten nicht mehr gegeben. Und wie der Prophet erhob Abdul Asis Ibn Saud auch metaphysische Ansprüche. Mohammed hatte den Stämmen Arabiens den

Monotheismus gebracht, Ibn Saud erhob den Anspruch, gestützt auf die Lehren Abdul Wahhabs, den von Mohammed verkündeten Glauben auf seinen Ursprung zurückzuführen.

Ein Anachronismus?

Was diese Gründung eines in ein Stammesfürstentum eingebundenen islamischen Gottesstaates am Anfang des 20. Jahrhunderts bedeutete, macht ein Vergleich mit anderen Ländern der Region deutlich. In Persien versuchte Schah Reza eine grundlegende Modernisierung: „Ich habe den Iranern klar gemacht, daß sie arbeiten müssen, wenn sie morgens aufstehen und daß sie den ganzen Tag hart arbeiten müssen." In der Türkei brach Mustafa Kemal, später Atatürk, Vater der Türken genannt, radikal mit der Vergangenheit. Er schaffte das Kalifat ab, ersetzte die arabische Schrift, von der er glaubte, sie verhinderte den Zugang zum „Fortschritt", durch die lateinische, nahm sich die westliche Zivilisation zum Vorbild, um die Türkei in die zeitgenössische, westliche Staatenwelt zu integrieren. Bewußt brach Mustafa Kemal mit den religiösen Traditionen des untergegangenen Osmanischen Vielvölkerstaates, der Jahrhunderte auch die arabische Welt beherrscht hatte und der, nominell zumindest, bis 1918 auch die Souveränität über Gebiete beanspruchte, welche Abdul Asis Ibn Saud eroberte. Ägypten war schon seit 1798 unter westlichem Einfluß. Mohammed Ali, Ägyptens Herrscher von 1805 bis 1847, hatte Delegationen nach Europa geschickt, die den Auftrag hatten, das dortige Wissen zu studieren und Ägypten bzw. der Herrschaft Muhammed Alis und seinem Regime nutzbar zu machen.

Verglichen mit den Erneuerungsbemühungen Schah Rezas, Mustafa Kemals sowie Muhammed Alis und seiner Nachfolger erschienen Ibn Sauds Familienkönigreich in der Tat als ein Anachronismus. Seine eigenartige Staatsgründung hätte wohl, wie so viele Stammesfürstentümer vor ihm, nicht sehr lange überlebt, wenn dem Staatsgründer nicht ein unerwarteter Stabilisator zu Hilfe gekommen wäre, das Öl.

Kaum hatte Abdul Asis Ibn Saud im Jahre 1932 sein Familienkönigreich etabliert, rückte er mehr und mehr in das Interesse der
Weltöffentlichkeit. Nicht, daß zur Zeit des beginnenden Holocaust und der Etablierung anglo-französischer Vorherrschaft in
Syrien, in Palästina und im Irak den Stammesfehden auf der Halbinsel besondere Aufmerksamkeit zuteil geworden wäre (wenn
sich auch die Briten lange unschlüssig waren, ob sie Ibn Saud oder
den Haschemitenherrscher Hussein Ibn Ali von Mekka und Medina mit Subsidien unterstützen sollten). Aber ein entscheidendes
Ereignis war der Ölfund im Bohrloch „Dammam Nummer sieben" bei der heutigen Stadt Dammam am Persischen Golf im
Jahre 1938. Damals begann eine wirtschaftliche und politische
Liaison, die bis auf den heutigen Tag andauert und die im zweiten
Golfkrieg auch militärischen Ausdruck gefunden hat. Es war
reine Interessenpolitik, welche die Amerikaner von Anfang an in
Saudi-Arabien verfolgten. Von ihren eigenen Ölgesellschaften
wurden sie bedrängt, nach neuen Ölquellen zu suchen, da die damals bekannten Vorräte nur noch eineinhalb Jahrzehnte reichen
würden. 1942 kam die erste amerikanische Regierungsdelegation
nach Saudi-Arabien. 1943 erklärte Präsident Roosevelt, das Königr-
reich sei „vital" für die Verteidigung der Vereinigten Staaten.

„Ein Maßstab für den Erfolg der amerikanischen Ölleute in
Arabien war, daß sie innerhalb eines Jahrzehntes nach ihrem
Fund vom März 1938 dabei halfen, die Außenpolitik der Familie
Saud zu gestalten." So urteilt Robert Lacey in seinem Saudi-Ara-
bien-Buch „Das Königreich". An der „Arabian-American Oil
Company" (ARAMCO) hatten Standard Oil of California, Te-
xaco, und Esso-Exxon jeweils 30 Prozent sowie Mobile Oil zehn
Prozent Anteile. ARAMCOS Profite, schreibt Lacey, seien von
Anfang an „phänomental" gewesen. „ARAMCO wurde bald das
größte einzelne amerikanische Unternehmen, das außerhalb
Amerikas arbeitete. Es übertraf sogar Firestone Rubber in Liberia
und die United Fruit Company in Latein Amerika." – Erst im
Jahre 1980 wurde die Aramco voll saudisches Eigentum. Die ame-
rikanisch-saudische Verbindung hat der französische Autor Ge-

orges Cormes etwas respektlos eine Allianz „zwischen Cowboy und dem Ikhwan", eine Allianz also zwischen dem Cowboy und dem islamischen Glaubenskrieger genannt. Cormes spielt damit auf jene wahhabischen Eiferer an, mit deren Hilfe die Familie Saud an die Macht gekommen ist.

Die saudisch-amerikanischen Beziehungen erreichten einen Höhepunkt, als Roosevelt 1945 beschloß, den Rückweg von der Konferenz von Jalta zu einem Treffen mit Ibn Saud zu nutzen. Der Wüstenkönig und der amerikanische Präsident trafen sich auf einem Schiff im Großen Bittersee im Suezkanal. Eines ihrer Themen war die Palästinafrage: Roosevelt drängte Ibn Saud, seinen arabischen Landsleute zu beeinflussen, ihren Widerstand gegen die jüdische Einwanderung aufzugeben. Die Autoren David Holden und Richard Johns schildern in ihrem Buch „Die Dynastie der Sauds" den Dialog. Ibn Saud: „Geben sie den Juden und ihren Nachkommen die besten Grundstücke und Häuser der Deutschen, die sie unterdrückt haben." Doch Roosevelt betonte, daß die Juden lieber nach Palästina gehen würden. Ibn Saud: „Wiedergutmachung sollte der Verbrecher, nicht der unschuldige Dritte leisten". Die Alliierten zählten nun 50 Länder, fügte Ibn Saud hinzu, verglichen mit ihnen sei Palästina arm, trotzdem sei Palästina mehr als die übliche Quote zugewiesen worden, deshalb könne Palästina mehr jüdische Flüchtlinge nicht mehr vertragen.

Trotz des Dissenses in der Palästinafrage gediehen die saudisch-amerikanischen Beziehungen. Besorgt zum Beispiel schauten die Saudis stets auf ihre nördlichen Grenzen. Im Irak und in Jordanien regierten jene Haschemiten, welche von den Saudis 1924 aus Mekka vertrieben worden waren. Furcht vor einem haschemitischen Überfall war ein Motiv der positiven saudischen Politik gegenüber den USA. Andererseits mußten die Saudis in der Palästinafrage panarabische Solidarität zeigen, sonst würden sie sich dem steigenden Druck anderer arabischer Staaten aussetzen. Ibn Saud ließ z. B. die Amerikaner 1947 wissen, er sei bereit, radikalem arabischen Druck standzuhalten, aber für ihn sei es wichtig zu wissen, „ob und in welchem Ausmaß ich auf die Hilfe der USA zählen kann, wenn ich mich gegen Überfälle aus dem Irak und Transjordanien schützen muß". Die USA versprachen umgehend ihre Unterstützung für die „territoriale Integrität Saudi-Arabiens". 1950 erklärte der stellvertretende amerikanische Außenminister George McGee den Saudis, die USA seien an der saudischen Sicherheit, am saudischen Öl und an einer möglichen Nutzung des Luftwaffenstützpunktes in Dhahran interessiert. McGhee, erklärte, die USA würden „jederzeit eingreifen, wenn die Integrität und Unabhängigkeit Saudi-Arabiens gefährdet" sei.

Von Roosevelt zu Bush

Das war am 10. April 1950. Vier Jahrzehnte später geschah, was schon Staatsgründer Ibn Saud befürchtet hatte. Im Irak regieren zwar nicht mehr die Haschemiten mit ihren Ansprüchen auf saudisches Territorium, wohl aber die Herren der Baathpartei, die die Ansprüche der Haschemiten in abgewandelter Form übernommen haben. Sie halten die Stammesfürstentümer für überlebt und streben eine neue arabische Ordnung unter Vorherrschaft des Irak an. Mit der Besetzung Kuwaits bedrohte der Irak langfristig auch die saudischen Ölfelder. Was George Bush im August 1990 tat, hatte George McGhee 1950 bereits formuliert: Intervention, wenn Integrität und Unabhängigkeit Saudi-Arabiens bedroht sind.

Die „Allianz zwischen dem Cowboy und dem Glaubenskrieger" hat also Bestand. Sie überlebte sogar das Ölembargo, das das Königreich während des Yom Kippur Krieges 1973 gegen die industrialisierte Welt verhängte. Die USA sind weiterhin am saudischen Öl interessiert, die Saudis weiterhin angewiesen auf den Schutz durch eine starke Macht. Deshalb schickte Präsident Bush eine gewaltige Militärmacht nach Dharhan, das nur wenige Kilometer vom Bohrloch „Dammam Nummer sieben" entfernt liegt.

Stammesdemokratie

Die Stammesführer auf der Halbinsel betonen immer wieder die demokratische Grundlage ihrer Herrschaft – eine Grundlage freilich, die – legt man unser eurozentrisches Weltbild zugrunde – nicht mit westlichen Vorstellungen von Demokratie in Einklang steht. Basis der Beziehung zwischen Herrscher und Gefolgsleuten war die Aufteilung der Reichtümer durch den Stammesführer unter seiner Gefolgschaft. Der Stammesführer erwarb sich Loyalität, indem er für das materielle Wohlergehen seiner Untertanen sorgte und indem er sich durch Einheirat in andere Familien und Clans deren Führer verpflichtete. Dieses System hat sich bis heute nicht wesentlich geändert. Auf den Madschlis, den traditionellen Zusammenkünften der Führer mit den anderen Stammesmitgliedern können diese Wünsche vortragen, auch um finanzielle Unterstützung bitten. Zeigt sich der Herrscher großzügig, ist ihm Loyalität, das heißt der weitere Fortbestand seiner Herrschaft sicher.

Die auf diese Weise konservierten Gesellschaften und Herrschaftssysteme der Arabischen Halbinsel haben indessen mit ihrem Ölgeld eine moderne Zivilisation importiert, welche vergessen machen könnte, daß es sich hier um reine Familienherrschaften und Stammesstaaten handelt. Selbst arbeiten tun die Golfaraber meistens wenig. Für die Administration haben sich die Scheichtümer am Golf oft Briten angestellt, die dort wie in den Zeiten, als sie noch „Berater", besser gesagt Aufseher waren, aus- und eingehen und ohne Visum meistens bis zu drei Monaten im Land bleiben können (so etwa in Manama und Dubai). Für die körperlichen Arbeiten wurden Asiaten angeheuert, die fast rechtlos für bescheidene Löhne arbeiten und dabei noch besser dastehen als zu Hause. Unvergessen sind die Flüchtlingstrecks asiatischer Gastarbeiter, die sich nach Saddam Husseins Überfall auf Kuwait im August und September 1990 nach Jordanien wälzten.

Das Paradigma für den inneren Status der Familiendynastien, für die Situation asiatischer Gastarbeiter gibt Saudi Arabien. Etwa 6000 Prinzen, an ihrer Spitze der König, derzeit Fahd, der elfte, 1921 geborene Sohn des Staatsgründers, haben ihren Lehensstaat fest im Griff. Ein Parlament gibt es nicht. So lange das Herrscherhaus über genügend Geldeinnahmen verfügt, hat es genügend Mittel, sich nach alter Stammessitte Loyalität zu kaufen. Und solange sich ausländische Mächte für saudisches Öl interessieren, werden sie auch Truppen schicken, um das Königshaus vor einem Aggressor zu bewahren.

Dennoch erscheint von Zeit zu Zeit diese Form der Herrschaft den Prinzen nicht ganz geheuer. Dann sprechen sie von Reformen. In Saudi-Arabien geschah dies zum erstenmal im Jahre 1975. Damals wurde König Feisal von einem seiner Neffen ermordet. Die Spannungen innerhalb der Königsfamilie, die durch die Bluttat zum Ausdruck kamen, sollten durch „Reformen", wie sie Thronfolger Khaled in Aussicht stellte, abgebaut werden. Die Krise verflüchtigte sich, die Reformen blieben aus. Der zweite Schock war weitaus gewaltiger. Religiöse Eiferer vom Stamme der Utaiba besetzten 1979 die große Moschee von Mekka. 240 Bewaffnete wurden von der Familie Saud gewaltsam aus der Moschee, dem heiligsten Platz der Islam vertrieben. Viele wurden später, wie in Saudi-Arabien üblich, öffentlich enthauptet. Wieder sprach die herrschende Familie von Reformen, zumal zur gleichen Zeit Schiiten in der Provinz Hassa revoltiert hatten. Wieder wurde der Vorsatz nach Ende der Krise geflissentlich vergessen. Dann kam Saddam Husseins Überfall auf Kuwait. Saudi-Arabien war bedroht, und mit dem größten und wirtschaftlich mächtigsten Land der Halbinsel fühlten sich auch alle anderen Emirate gefährdet. Hätte Saddam Hussein im August 1990 seine Truppen weiter nach Riad vorstoßen lassen, hätte kaum eine militärische Macht ihn daran hindern können. Mit einem Male wurde deutlich, was jeder vorher gewußt hatte: daß die Feudalstaaten nicht in der Lage waren, in angemessener Weise zu ihrer eigenen Verteidigung beizutragen.

So hat der Golfkrieg viele Verwerfungen in den arabischen Golfstaaten aufgedeckt. Manchen Herrschern wurde klar, daß sie die Basis ihrer Macht verbreitern müssen. So setzte der saudische König Fahd einen Konsultativrat ein, in dem Minister der Regierung Rede und Antwort stehen müssen. Eine Art Grundgesetz soll erlassen werden, das Freiheiten und Rechte der „Bürger" festsetzt. Langsam scheinen sich in Saudi-Arabien Strukturen herauszubilden, die entfernt mit dem Wort „pluralistisch" zu umreißen sind. Auf der einen Seite gibt es die religiöse Orthodoxie der „Muwahhidun", die fast alle Änderungen in der Gesellschaft ablehnt. Ihr gegenüber steht die akademisch ausgebildete Schicht und die sich entwickelnde Handelsbourgeoisie, die Mitsprache an den Regierungsgeschäften fordern. Die Familie Saud will ihre Macht behalten und muß zwischen beiden Polen lavieren.

Saudischer Absolutismus

Die Familie Saud übt die gesamte Macht im Staate aus. Alle Gouverneure stammen aus der Herrscherfamilie. Aus den etwa 6000 Prinzen ragen jene heraus, die mit hohen Ämtern betraut sind und jene „Sudeiri Sieben", die Reichsgründer Abdul Asis mit seiner Lieblingsfrau, Hassa Bint Ahmad Sudairi aus dem Stamme der Sudairi, hatte. Der gegenwärtig regierende König Fahad gehört dazu. Prinz ist, im engeren Sinne jedenfalls, wer vom Vater des Reichsgründers, von Abdul Rahman, abstammt. Denn Ibn Saud selbst hat seine Eroberungen stets im Namen seines Vaters gemacht. Die Nachkommen dieser und anderer Prinzen heiraten meistens wieder innerhalb der Großfamilie – ungeachtet der möglicherweise schwerwiegenden gesundheitlichen Folgen für die Nachkommen. Cousins bzw. Cousinen ersten Grades zu heiraten ist erlaubt. Auch an dieser Regel ist der Charakter der Gesellschaften am Golf abzulesen. Basis ist der Stamm, die Großfamilie, der Clan, dessen Erhaltung oberstes Ziel der „Familienpolitik" zu sein hat. Übertragen auf „Saudi"-Arabien: Wer die Familie Saud erhält, vergrößert, fördert das nach der gleichnamigen Familie benannte Königreich.

Diese fragilen Strukturen müssen geschützt werden. Es gibt eine Armee von Freiwilligen bzw. Berufssoldaten. Ihre Zahl erreicht – bei einer Einwohnerschaft von etwa sieben Millionen Saudis – gerade etwa 60 000 Mann. Dann gibt es die Nationalgarde, sie stellt eine Art Milizsystem auf Stammesbasis dar, untersteht dem Kronprinzen und ist diesem und dem Hause Saud ergeben. Sie ist nur mit leichten Waffen ausgerüstet. Doch auch diese Truppe wird daran gehindert, sich zu einer schlagkräftigen Einheit zu entwickeln. Ihre Führer dürfen sich im allgemeinen nicht treffen, weil die Herrschenden dann sofort Konspiration oder sogar Putschgefahr vermuten. Die Munition, so vermuten langjährige Kenner Saudi-Arabiens, untersteht zumindest in Friedenszeiten der persönlichen Verfügungsgewalt des Verteidigungsministers. Vor der Golfkrise waren diese Truppen vorwiegend an der Grenze des damaligen Nordjemen stationiert, dem wohl einzig möglichen Feind, den die Saudis auf der Halbinsel selbst haben. So spiegelt sich die innere Schwäche der Dynastie auch in ihren bewaffneten Kräften wider: Sie dürfen nicht zu stark sein, um nicht zur Gefahr für die Herrscher zu werden. Die Kehrseite dieser Politik offenbarte sich auf groteske Weise während der Golfkrise 1990/1991: Das Königreich verfügte über keine Armee, mit der es zu seinem eigenen Schutz zumindest hätte beitragen können.

„Saudische Politik ist Politik zur Erhaltung der Herrschaft der Familie Saud", sagen Kenner Saudi-Arabiens. „Saudische Außenpolitik", fügen andere hinzu, „heißt hinter den Kulissen agieren, die Weichen stellen, den Zug in Bewegung setzen, aber dabei selbst nur im letzten Wagen zu sitzen." Auch diese Charakteristika kamen in der zweiten Golfkrise schlagend zum Ausdruck. Saudi-Arabien, der größte und der von Saddam Hussein am stärksten bedrohte der Feudalstaaten hat zu keinem Zeitpunkt der Krise eine führende politische Rolle übernommen.

Religion als Staatsideologie

Auch die territorialen Bestandteile des Königreiches stehen keineswegs alle auf sicheren Säulen. Die Familie der Saud kommt aus dem Nedsch, der Gegend um die heutige Hauptstadt Riad. Der Hedschas, das Land um die heiligen Stätten Mekka und Medina, wurde 1924 durch Ibn Saud von den heute in Jordanien herrschenden Haschemiten erobert. Die jetzt wieder zwischen König Hussein und König Fahd herrschende Gegnerschaft hat also durchaus Tradition. Der Hedschas und die Hafenstadt Dschidda gelten als unzuverlässig. Die weltoffene Kaufmannsschicht der Stadt stammt zu drei Vierteln aus dem Hadramaut, also aus dem traditionell feindlichen Jemen. Zudem hat die puritanisch-strenge, nach den Lehren des Predigers Abdul Wahhab gestaltete Auslegung des Islam durch die Herrscher in Riad in Dschidda und im Hedschas keine historische Grundlage. Eine solche strikte, fast lebensfeindliche, die Herrschaft des Mannes über die Frau praktizierende Religion kann nur aus den ebenso lebensfeindlichen Wüstengebieten des Inneren, nicht aber aus den seit alters her kosmopolitischeren Küstenregionen stammen.

Dieser extrem verstandene Islam dient der Familie Saud als Rechtfertigung ihrer Herrschaft. Der König nennt sich seit Mitte der achtziger Jahre „Wächter der heiligen Stätten" (Mekka und Medina). Abdul Asis hat das Kalifat, das Atatürk 1924 abschaffte und das der Haschemitenherrscher Hussein Ibn Ali dann erfolglos für sich beanspruchte, nie wieder zu beleben versucht. Doch mit seiner Kontrolle und seinem „Wächtertum" über die heiligen Stätten beansprucht er eine führende Stellung in der islamischen Welt. Innerhalb seines islamischen Königreiches führt das zu strikter Auslegung des Islams. In der Schule und auf der Universität muß jede Antwort, die auch nur im entferntesten mit einem Zitat aus dem Koran begründet werden kann, vom Lehrer als richtig anerkannt werden – auch wenn sie wissenschaftlicher Nachprüfung nicht standhält.

Christliche Symbole sind nicht zugelassen in Saudi-Arabien, christliche Gottesdienste – im Gegensatz zu anderen Fürstentümern am Golf – verpönt. So geht in Riad die Saga von den Verhandlungen zwischen der Swiss Air und Saudeyya-Airlines. Saudi-Arabien habe die Entfernung des Kreuzes von den Flugzeugen der Swiss Air erbeten, weil ein solches christliches Symbol im Königreich nicht zugelassen sei. Die Saudis waren aber nicht bereit, das ihre Flieger zierende grüne Schwert des Islam (ein Gegenzug, den die Schweizer schlauerweise gefordert hatten) zuzugestehen. So mußten die Saudis das verhaßte Christen-Symbol zulassen. Bis heute ist die Erwähnung des Namens Jesu Christi, der immerhin als ein Prophet des Islam gilt, im Königreich der Familie Saud verboten. So ist der Islam in Saudi-Arabien von einer allumfassenden Staats-Religion zur allumfassenden Staats-Ideologie geworden, die sogar zum Export bestimmt ist. Muslimische Bewegungen inner- und außerhalb der islamischen Welt werden von den Saudis finanziell gefördert. Dadurch unterstützen die Saudis – oft gegen den eigenen Willen – militanten islamischen Fundamentalismus.

Jahrhunderte haben die Stämme der Arabischen Halbinsel in einem lebensfeindlichen Klima überlebt. Der Petrodollar hat sie über Nacht zu wohlhabenden Menschen gemacht. Nun können sie sich viele Reichtümer dieser Welt, vor allem auch viele Dienstleistungen kaufen, welche zuvor von Sklaven verrichtet wurden. Denn „Arbeit" im europäischen Sinne war nie ein Teil des Lebens der Beduinen, Arbeit wurde oft von Sklaven verrichtet. Die Sklaverei war weit verbreitet in Arabien, sie ist eine Einrichtung, welche auf vor-islamische Zeiten zurückgeht. Offiziell wurde sie erst 1962 – wohl auch auf Drängen der USA – abgeschafft. Damals mußte sozusagen Ersatz geschaffen werden. Der kam durch die Sponsoren-Verträge. Mit den Arbeitsgesetzen, welche diese Art von Verträgen einführte, habe das Königreich eine Art moderner Sklavenhalterschaft, so argumentieren manche, durch die Hintertür wieder eingeführt. Kein einziger der Millionen meist asiatischer Gastarbeiter, die die niedrigen Arbeiten versehen, kein einziger Jordanier oder Ägypter in den Lehrerberufen kann ohne einen saudischen Sponsor, ohne einen saudischen „Schutzherren" auskommen. Dieser behält „zur Sicherheit" den Paß ein, er bestimmt mit über die Urlaubszeit, er kann ein bis zwei Monatsgehälter einbehalten, um zu gewährleisten, daß der Gastarbeiter aus dem Urlaub zurückkommt, und er muß Erlaubnis erteilen, wenn der ausländische Untertan im Lande reisen will. Dieses System gilt, vielleicht weniger strikt, auch in anderen Golfstaaten. Will ein ausländischer Arbeitnehmer sein Gastland für immer verlassen, wird zuvor sein Name und sein Bild in der Zeitung veröffentlicht. Menschen, die z. B. finanzielle Ansprüche gegen den Mann haben, sollen dadurch Gelegenheit bekommen, diese geltend zu machen.

Eine Opposition?

Wie lange können Systeme wie das in Saudi-Arabien überleben? Der saudische Staat besteht gerade sechs Jahrzehnte. Das ist eine lange Zeit, stellt man die Kurzlebigkeit vieler Stammesgebilde in

Rechnung, die ihm vorangingen. Doch verglichen mit der jahrhundertelangen Herrschaft der Haschemiten über Mekka und Medina, der Sabahs über Kuwait, der Khalifas über Bahrain oder der Maktums über Dubai gehört das Familienkönigreich der Sauds bisher zu den neueren Gebilden der Halbinsel. Insgesamt existieren die Fürstentümer schon länger als viele, die sich an europäischen Vorstellungen orientieren, vorausgesagt haben. Solange die „Ruler", die Herrscher, von ihrem Reichtum abgeben und solange ausländische Mächte wie die Vereinigten Staaten ein Interesse am Öl und damit Interesse am politischen Überleben der konservativen Staaten haben, sind grundlegende Veränderungen am Golf nicht sehr wahrscheinlich.

Freiheit hinter den Mauern

Das Öl und die Allianz mit den Amerikanern hat den kleinen Stamm der Familie Saud und die von ihm unterworfenen anderen Stämme über Nacht von einem mühsamen Dasein und Überlebenskampf in der Wüste ins zwanzigste Jahrhundert geschleudert. Eine Fahrt mit der Zeitmaschine könnte nicht dramatischer verlaufen. Ihr von Abdul Wahhab erstmals verkündeter, von Ibn Saud zur Staatsideologie erhobener Puritanismus islamischer Prägung sollte sie eigentlich daran hindern, die Segnungen der von ihnen importierten Zivilisation zu genießen. Dieses Gesetz ist zwar von der wahhabischen Geistlichkeit verordnet, doch das Leben richtet sich nach den Gepflogenheiten, wie sie schon immer – zum Beispiel auch in der weltoffeneren Hafenstadt Dschidda – herrschten. Lebe, so interpretiert man das Gesetz, wie Du willst, aber wenn Du das Gesatz umgehst, so tue es so, daß es niemand merkt, dort, wo Du mit Allah allein bist. Hinter den Mauern der Villen, wenn der Gläubige sich allein wähnt mit Gott, geschieht vieles, was in der Öffentlichkeit verpönt wäre oder sogar von den Muttawat, den Religionswächtern des Königreiches, als Delikt bzw. als Verbrechen verfolgt würde.

Die begüterten Saudis genießen ihren neuen Reichtum. Und wenn es zu heiß wird im Königreich, in den Sommermonaten Juli und August, dann fliehen die Saudis zu Tausenden nach Kairo,

Genf, London und Paris. Wie andere Begüterte dieser Welt geben sie Geld aus an den Roulette-Tischen der Kasinos und Bars, in Nachtclubs, beim Kölner Karneval. Selbst arabische Brüder aus den Nachbarländern zucken manchmal nur mit den Schultern: neureich ist ein Wort, bigott das andere, welches sie für die Saudis parat haben. Zwei Seelen wohnen in fast jedem Saudi, spotten manche. Doch die Saudis selbst empfinden es nicht so. „Jeden Sommer", so schrieb ein ehemaliger britischer Botschafter in Riad in einem Abschlußbericht, „gibt es aus Saudi-Arabien einen Massen-Exodus zu den Verführungen des Westens. Aber jeden Herbst kommen die Saudis zurück, und sie sind glücklich, zurück zu sein, und sie schließen die Türe zur Außenwelt vor den ausländischen Mitbewohnern, die diese Außenwelt repräsentieren." Das sei zwar heuchlerisch, „aber es produziert gegenseitige Solidarität und garantiert, daß der Schritt des Wandels mehr oder weniger kontrolliert wird ... Gläubige mögen sündigen, aber sie hören nicht auf, Gläubige zu sein. Ungläubige mögen nett, ehrlich, nützlich, technologisch überlegen sein, aber ihnen fehlt etwas Wesentliches – der Glaube."

Restauration eines Familienclans: Die Sabahs von Kuwait

Als Saddam Husseins Truppen im Morgengrauen des 2. August 1990 in Kuwait-Stadt einmarschierten, setzte sich die Herrscher-Familie der Sabah zu einem befreundeten Familien-Clan ab, der ihr noch einen Dienst schuldete. Die Sabahs beanspruchten – und bekamen – arabisches Gastrecht bei der Familie Saud. Ziemlich genau 89 Jahre zuvor, im Herbst des Jahres 1901, war Ibn Saud aus Kuwait aufgebrochen, um seinen Familiensitz in Riad zurückzuerobern. Im Frühjahr 1991 konnten die Sabahs nach Kuwait zurückkehren. Der Emir, Dschaber al-Ahmed al-Sabah, kam als letzter – zunächst mußte eine standesgemäße Bleibe geschaffen werden. Nun war es wieder an den Sabahs, die von den Saudis zuvor erwiesenen Gefälligkeiten zu erwidern. Mit der Demokratisierung, wie sie von den USA als Gegenleistung für ihren mili-

tärischen Dienst erbeten worden war, sollten sich die Sabahs nur
Zeit lassen – so etwa müssen ihnen die Saudis geraten haben.
Weitgehende Demokratisierung in Kuwait würde auch das Königreich der Familie Saud in Zugzwang bringen. Den Sabahs fiel es
wohl nicht sehr schwer, dieser Bitte zu entsprechen.

Kuwaits Kaufmannsschicht

Die Geschichte Kuwaits gleicht der Geschichte vieler Stammesfürstentümer auf der Arabischen Halbinsel. Die Osmanen hatten
sich zwar die Oberhoheit erkämpft; 1534 hatten sie Bagdad, 1546
Basra und 1555 Al-Hassa (die östliche Provinz des heutigen saudischen Königreiches) erobert. Unter ihrer Oberhoheit ging aber das
normale Stammesleben weiter. So errang der Stamm der Bani Khalid etwa einhundert Jahre nach den türkischen Eroberungen in
Ost-Arabien die Oberhoheit. Vermutlich kamen etwa zur gleichen Zeit die Utub, ein großer nomadisierender Familien-Clan
aus Zentral-Arabien in Kuwait an. Damals herrschte Hungersnot
im Zentrum der Arabischen Halbinsel. Mit vielen anderen wanderten auch die Utub (von ataba, was so viel heißt wie von Platz
zu Platz wandern) aus. Zu den Utubs gehörten auch die Sabahs. In
der Mitte des 18. Jahrhunderts wurden die Sabahs von den Einwohnern des Handelsortes Kuwait, der bis dahin von den Bani
Khalid regiert wurde, gebeten, gegen ein geringes Salär die Verwaltung des Platzes zu übernehmen. Das war ungefähr zu der Zeit, als
in Zentral-Arabien der Prediger Abdul Wahhab und die Familie
Saud ihren Pakt schlossen, der schließlich, knapp zwei Jahrhunderte später, zur Gründung des Königreiches Saudi-Arabien
führte. Zeitgenössische Quellen sprechen davon, daß die Sabahs
in Kuwait zunächst zu den am schlechtesten ausgestatteten und
gekleideten Familien gehört hätten. Die Macht und der Wohlstand scheint in jenen Jahren eindeutig bei der wohlhabenden
Kaufmannsschicht gelegen zu haben. Gewählt wurden die Sabahs
nach alter Stammessitte von der Mehrheit der Mitglieder.

Ihr Amt wurde im Laufe der Zeit erblich, dennoch behielt die
Kaufmannschaft ihre Unabhängigkeit. Es scheint einen funktionierenden Dualismus zwischen Kaufleuten und Herrscherhaus

gegeben zu haben. Aus diesem Dualismus hat sich später der Anspruch der Kaufmannsschicht entwickelt, demokratischere Regierungsformen einzuführen. Kuwait gedieh und kam erstmals ins Rampenlicht auch der europäischen Politik an der Wende zum 20. Jahrhundert. Damals herrschte Scheich Mubarak al-Sabah, später genannt der „Große". Die herrschende Stammesdemokratie schloß freilich gewalttätige Auseinandersetzungen nicht aus. Mubarak z. B. war nur dadurch an die Macht gekommen, daß er seine beiden Halbbrüder beseitigte und danach einen langen Krieg führen mußte, in dessen Verlauf er den osmanischen Sultan durch großzügige finanzielle Zuwendungen politisch auf seine Seite zog.

Die Briten am Persischen Golf

Nach Festigung seiner Macht im Inneren suchte Mubarak außenpolitisch Schutz bei den Briten. Zunächst wollten die Russen vom syrischen Tripoli (heute im Libanon gelegen) über Homs und Bagdad eine Bahnlinie nach Kuwait legen, der ihren wirtschaftlichen und politischen Einfluß im Osmanischen Reich gestärkt hätte. Wenig später planten die Deutschen die Verlängerung der Bahnstrecke Berlin-Istanbul nach Bagdad und Basra bzw. Kuwait. Die Briten durchkreuzten beide Pläne, indem sie mit Scheich Mubarak al-Sabah eine Übereinkunft schlossen, nach der Mubarak ohne britische Zustimmung kein Land an andere Mächte abgeben oder verpachten durfte. Dafür handelte Mubarak – wie der Sultan von Maskat im Jahre 1891 in einem ähnlichen Vertrag – militärischen Schutz ein.

Die Briten sicherten sich ihren Einfluß am Persischen Golf, der als eine Art Etappe auf dem Weg zu ihrem indischen Reich galt. Ähnlich hatten sie zuvor auf der Insel Bahrain gehandelt. Die Insel war berühmt durch Perlenfischerei und als Zwischenstation der Handelsroute zwischen Mesopotamien und Südarabien. Ihr Name bedeutet „Zwei Meere". Damit waren der Persische Golf und die von allen Eroberern begehrten Süßwasserquellen der Insel gemeint. Bahrain war nach langer Unabhängigkeit von 1521 bis 1602 unter portugiesischer und von 1602 bis 1782 unter gelegentlicher persischer Oberherrschaft. Die Iraner wurden 1782 von jenem Stamm der Utub vertrieben, der später in Kuwait die Herrscher-Familie der Sabah stellte. In Bahrain regiert bis heute – mit kurzer Unterbrechung um 1810 – die Familie der Khalifa aus dem Stamm der Utub. Im Jahre 1861, fast 40 Jahre vor Kuwait, hatte sich Bahrain durch seine Herrscherfamilie britischen Schutz gegen osmanische und iranische Machtambitionen gesichert. Als Gegenleistung mußten die Khalifas auf Krieg und Piraterie verzichten. 1880 und 1892 wurde dieser Schutzvertrag ergänzt, Bahrain verpflichtete sich, keiner anderen Macht außer Groß-Britannien Land zu verpachten oder abzutreten.

Ähnliche Schutzverträge schlossen die Briten auch mit den Scheichs jenes Landstriches, der lange als „Piratenküste" bekannt war und deren Territorien seit 1971 die „Vereinigten Arabischen Emirate" bilden. Arabische, aber auch europäische Piraten hatten vom 17. bis zum 19. Jahrhundert hinein die Küsten des südlichen Persischen Golfes und des Golfes von Oman unsicher gemacht, wobei der Stamm der (seefahrenden) Qawasim besonders aktiv war. Hauptquartier der Piraten war das Emirat Ras al-Khaimah. Im Jahre 1820 schlossen die Briten mit den Scheichs der Piratenküste und Bahrains einen ersten Schutzvertrag. Aus der Piratenküste wurde die „Trucial Coast" – die Küste des Waffenstillstandes – die Vertragsküste. Der britische Einfluß existiert bis auf den heutigen Tag. Für Bahrain zum Beispiel war es eine Selbstverständlichkeit, den Briten im zweiten Golfkrieg eine Basis für ihre Tornado-Geschwader bereitzustellen. Wer als Journalist nach Oman will, muß noch immer bei einem Briten, einem Berater des omanischen Informationsministers, um ein Visum nachsuchen. In Dubai haben Briten wie in Bahrain fast so etwas wie Hausrecht. Der militärische Rückzug aus den Gebieten „östlich von Suez" ist zwar vollzogen, politisch sind die Briten aber noch immer präsent. Im Jahre 1961 – dem Jahr der kuwaitischen Unabhängigkeit – versuchte der damals regierende irakische Herrscher Abdul Karim Kassem, Kuwait zu erobern. Damals waren es britische Panzer, die den Irak von einem Marsch nach Kuwait abhielten. Danach löste eine Truppe der „Arabischen Liga" die Briten ab.

1990 war die Liga nicht in der Lage, die Verteidigung Kuwaits zu übernehmen.

Kuwait nach dem zweiten Golfkrieg

Die Briten bestimmten die Außenpolitik Kuwaits bis zum Jahre 1961. Dann wurde das Emirat „in die Unabhängigkeit entlassen", wie die Terminologie seinerzeit allenthalben lautete. Beide Seiten kamen überein, den 1899 geschlossenen Schutzvertrag auslaufen zu lassen. Die Entdeckung von Erdöl Mitte der dreißiger Jahre, mithin die Ankunft der Petrodollars, ließ die Macht von der Kaufmannschicht immer mehr auf die ohnehin fest im Sattel sitzende Herrscherfamilie übergehen. Doch die Kaufmannsschicht beanspruchte weiter Mitbestimmung am Schicksal des Emirats. Diesem Verlangen entsprach 1961 der heute von der Opposition als „weise" charakterisierte Emir Abdullah al-Salem al-Sabah. Er erließ eine Verfassung, die den alten Dualismus zwischen Kaufleuten und herrschender Familie aufrechterhielt und ein Parlament installierte. Den Nachfolgern Abdullahs war diese Gewaltenteilung eher lästig; 1976 und 1986 lösten sie das Parlament auf. Als Ersatz setzte Emir Dschaber al Ahmed al Sabah 1990 einen teils gewählten, teils von ihm ernannten „Nationalen Rat" ein, der in der (niemals annullierten, also weiter gültigen Verfassung) nicht vorgesehen ist.

Als Saddam Husseins Truppen am 2. August 1990 in Kuwait einrückten, befand sich der – offiziell so genannte – „Staat Kuwait" in einem Zustand innerer Auflösung. „Kuwait ist nicht an einem Tag zusammengebrochen, Kuwait ging in zwei Minuten zugrunde." So interpretierte Abdul Asis Sultan, Präsident der Gulf-Bank in Kuwait, im nachhinein die Ereignisse vom 2. August. Obwohl die Irakis schon seit Wochen Truppen an den Grenzen Kuwaits konzentriert hatten, war die Hälfte der kleinen kuwaitischen Armee auf Urlaub, die andere Hälfte hatte keine Munition. Munition darf, aus Angst vor einem Putsch, nur auf ausdrücklichen Befehl aus dem Herrscherhaus ausgegeben werden. So kam es, daß kaum Widerstand geleistet wurde und daß zu den ersten Flüchtlingen die Sabahs selber gehörten. Den Sabahs war jeder Kuwaiti recht, der mit ihnen floh. Wer keinen Widerstand leistete, sondern sich im luxuriösen Exil von den Sabahs finanziell aushalten ließ, würde auch in Zukunft den Herrschern treu ergeben sein. Auch die Flucht von Ausländern war nicht ganz unerwünscht. Kuwaitis selbst zählten nur etwa 700 000, der Rest, etwa 350 000 Palästinenser und über eine Million asiatischer Gastarbeiter, hatte, nach dem Empfinden des Herrscherhauses, Kuwait „überfremdet". Nach der Vertreibung Saddam Husseins taten die Sabahs alles, um die Zahl der Ausländer niedrig zu halten. Die meisten Palästinenser verließen das Emirat. Kollaboration wurde ihnen vorgeworfen. Doch nicht mehr Palästinenser kollaborierten mit Saddam, als üblicherweise Menschen in solchen Extremsituationen kollaborieren. Alle diese Verwerfungen und Widersprüche der kuwaitischen Gesellschaft traten mit dem Einmarsch Saddam Husseins und der Flucht der Herrscher plötzlich zutage.

Die Entwicklung in Kuwait nach Vertreibung der Irakis ist symptomatisch für die Entwicklung in anderen Golfstaaten. Man ist zur Tagesordnung übergegangen – in der Gewißheit, daß Briten und Amerikaner abermals intervenieren werden, wenn die Sicherheit der Golfstaaten – vielmehr die Ölinteressen des Westens – bedroht sind. Man muß und soll in gar keiner Weise die Einführung westlicher Formen von Demokratie fordern. Arabien hat eine andere Entwicklung hinter sich als Westeuropa. Aber in vielen Golfstaaten hat sich spätestens mit der Ankunft des Petrodollars (in Kuwait schon davor) eine akademische oder kaufmännische, oft im Ausland ausgebildete Schicht gebildet, welche umgehend in der Lage wäre, in der Regierung mitzuarbeiten oder die Macht selber zu übernehmen.

Das andere Arabien: Dubai

Wer würde sich der Szenerie nicht immer wieder mit Wehmut erinnern: der Creek – ein weit ins Land gezogener, natürlicher Meeresarm – an seinen Ufern ankernd die Daus, die traditionellen arabischen Lastschiffe, früher ausschließlich vom Wind angetrieben, heute zusätzlich mit einem Motor versehen. Fernweh erweckend, denn ihre Bestimmungsorte sind auf kleinen Schildern angegeben: Maskat, Aden, Dschibouti, Karachi, Kalikut. An einem Ufer eine moderne, makellose Skyline, am anderen ein Fürstenpalast und die Häuser eines alten Suks, eines Basars. Dubai, der Hauptort des gleichnamigen Emirats, stellt sozusagen das andere Arabien dar. Dubai ist Teil der „Vereinigten Arabischen Emirate", die sich 1971 zusammengeschlossen haben, früher ein Teil der Piratenküste bildeten, danach zur „Trucial Coast", zu jenen Emiraten gehörten, die mit den Briten Schutzverträge abgeschlossen hatten. Heute gelten die Emirate, denen sich Bahrain und Qatar nicht angeschlossen haben, als eines der wenigen geglückten Beispiele arabischer Zusammenarbeit. Führendes Emirat ist Abu Dhabi, hier sitzt die Regierung, der Scheich von Abu Dhabi ist der Staatspräsident, der Scheich von Dubai sein Stellvertreter. Doch Dubai gilt als wirtschaftliches und auch als kosmopolitisches Zentrum der Föderation selbst und auch aller Staaten am Persischen Golf. Scharschah, Ras el Khaimah, Fudscheirah, Um al Qaiwan und Adschman sind die weiteren, weniger bedeutenden, von finanziellen Zuwendungen aus Abu Dhabi abhängigen Mitglieder der Föderation.

Dubai ist, wie unter vielen Aspekten auch Bahrain, das Gegenstück zu Saudi-Arabien und zu Kuwait. Der Inselarchipel Bahrain ist seit einigen Jahren mit Saudi-Arabien durch einen 25 Kilometer langen Damm verbunden. Einige hundert Millionen Dollar haben sich die Saudis diese Investition kosten lassen. „Rummelplatz am Ende des Piers" wird Bahrain oft genannt. Denn hierher kommen die Saudis am Wochenende und frönen jenen Gelüsten, denen sie in der Heimat wegen des strengen religiös verbrämten Sittenkodexes nicht nachgehen dürfen: in Restaurants sitzen, dinieren, ein Glas Wein trinken. Oft wird es mehr als ein Glas, und dann zeigen die Hotel-Rechnungen ungewöhnliche Summen: dann nämlich muß oft das ganze Zimmer renoviert werden, so gewaltig war das Gelage. Das regierende Königshaus in Riad läßt die Untertanen gewähren – und gibt den Behörden Bahrains auch freie Hand, Saudis, die über die Stränge schlagen, wieder zurückzuschicken. Das hindert die Herrscher in Riad aber nicht daran, in anderen Regionen des Golfes ihre moralischen Vorstellungen durchzusetzen: im Emirat Scharschan gelang es den Saudis, den Ausschank von Alkohol, zumindest zeitweise, zu unterbinden. Seitdem sind die Einnahmen aus westlichem Tourismus rückläufig.

Öl – ein Segen, der vorübergeht

Dubai indessen hat sich seine Weltläufigkeit bewahrt und hat darüber hinaus in den politischen Krisenzeiten der letzten Jahre eine geschickte Politik betrieben. Viele seiner Bürger sind iranischen Ursprungs, oft stellen sie Besatzung und Kapitäne der Daus. So galt das Prinzip, zum Nachbarn jenseits des Golfes auch während des iranisch-irakischen Krieges gute Beziehungen zu pflegen – ungeachtet des Protestes aus Bagdad. Dem Druck der Saudis, die Liberalität des Lebensstiles zu beschränken, hat man sich in Dubai immer widersetzt. Denn Dubai war stets in erster Linie ein Handelsplatz, mithin angewiesen auf Weltoffenheit. Das Öl, weiß man in Dubai, ist ein vorübergehender Segen. Eines Tages wird es kein Öl mehr geben, dann will und wird Dubai wieder sein, was es vorher war: ein Ort des Warenaustausches. Darauf hat man sich schon jetzt durch den Bau von Docks, Freihäfen, durch die Ansiedelung von Industrie und durch die Schaffung dessen, was man bei uns „günstige Rahmenbedingungen" nennen würde, vorbereitet. Nach Dubai kamen Geschäftsleute schon immer gerne, neuerdings kommen auch jene, denen es in Kuwait zu eng geworden ist. Die Herrscher vom Hause der Maktum leben üppig und lassen üppig leben. Sofern man die Spielregeln einhält, hat in Dubai jeder sein Auskommen.

In Pancho Villa's Restaurant, Hotel Astoria: die blonde Europäerin mit ihrer rauhen Stimme und der Schlagguitarre gibt den Ton in der Band an. Ihr Partner spielt brav auf den Keyboards und singt mit. Auf der Tanzfläche junge Damen, meistens Singles, Europäer mit ihren Freundinnen, ein paar wenige einheimische Araber – ohne ihre Frauen und Freundinnen. Natürlich wird Alkohol ausgeschenkt. In der „Kirche der Heiligen Trinität": Dennis Gurney – „The Right Reverend" – liest vor Gläubigen aus Europa und Indien den Gottesdienst. Im muslimischen Dubai sind christliche

Andachten selbstverständlich erlaubt. Als sich die Briten in Dubai festsetzten, machten die Herrscher keinerlei Schwierigkeiten beim Bau christlicher Kirchen. Ein Sündenbabel wie Pancho Villa's Restaurant und eine ketzerische Einrichtung wie die Kirche der „Heiligen Trinität" verstießen in Saudi-Arabien gegen die Staatsdoktrin, in Dubai zählen sie zum Alltag. Ein tiefer Graben trennt Dubai vom angrenzenden Öl- und Wüstenkönigreich der Sauds.

Araber hier – Araber da

Ein Graben trennt aber auch den Raum der Arabischen Halbinsel und seine wohlhabenden Einwohner von den weniger begüterten arabischen Brüdern im Norden. Ashraf, ein Händler in Dubai, hält die Araber in Syrien und im Irak zwar für „Brüder", aber doch für „andere" Araber. „Als es hier nur Sand – und noch kein Öl – gab, ist keiner von ihnen gekommen und hat uns geholfen." Immerhin hat Kuwait (vor der irakischen Invasion) einen arabischen Entwicklungsfonds eingerichtet, aus dem große Summen in die ärmeren arabischen Länder flossen. Die PLO wurde (vor ihrer Parteinahme für Saddam Hussein) weitgehend durch Zuwendungen aus den Golfstaaten finanziert. Letztere erhielten dafür die Zusicherung, von palästinensischen Terroranschlägen verschont zu werden, mit denen die PLO Geld hätte erpressen können. Dennoch können viele Golf-Araber mit den „Brüdern" im Norden kaum etwas anfangen. Ashraf zum Beispiel versteht die Moral jener aus dem Norden ohnehin nicht. „Man will mich plündern – nur weil ich reich bin?" Die Golfstaaten hätten Milliarden von Dollars in die ärmeren arabischen Länder gepumpt, aber: „Es war und ist ein Faß ohne Boden." Und was Israel und seine Existenz betreffe, so müsse man endlich eine alte Beduinenregel beherzigen: „Eine Hand, die ich nicht abhacken kann, die ergreife ich lieber zum Gruße."

Die Front zwischen Arabern am Golf, die über Nacht reich wurden, und den „Brüdern" im Gebiet des „Fruchtbaren Halbmondes" erscheint unüberbrückbar. Im Süden herrschen die „Ruler", wie sie englisch genannt werden, manchmal mehr, manchmal weniger im Einklang mit ihren Untertanen. Im Norden regieren – zumindest im Irak und in Syrien – Despoten, meistens gegen den Willen ihrer Völker. Und doch sind die Golfaraber auf jene aus dem Norden angewiesen: ohne ägyptische Lehrer, palästinensische Ingenieure und libanesische Kaufleute wären die Gesellschaften am Golf kaum funktionsfähig. Aus dem Norden kam aber auch Lähmung. Besonders in Saudi-Arabien hält man es heute für einen Kardinalfehler, Ägypter mit dem Aufbau der Bürokratie beauftragt zu haben. Jetzt lähmt der Papierkrieg auch die saudische Verwaltung.

Welches Volk soll regieren?

Hat sich das System der Familienherrschaft am Golf überlebt, weil die Dynastien zu wenig eigene Leistung produzieren? So korrumpiert es in Kuwait sein mag, so leidlich funktioniert es – zumindest von außen betrachtet – in einem Emirat wie Dubai. Noch hat man das Geld, die importierte Zivilisation durch Bezahlung westlicher Fachleute und asiatischer Gastarbeiter aufrechtzuerhalten. Und welches „Volk" sollte hier schon regieren? Von den etwa 500 000 Menschen sind höchstens 15 Prozent „locals", wie man die einheimischen Araber nennt. 85 Prozent sind „TCNs" – „Third Country Nationals". Es sind überwiegend Inder, die oft in Banken arbeiten, Pakistanis, welche in der Berufsarmee dienen, Bangladeschis und Filipinos, die von der mittleren Verwaltung abwärts die rasant gewachsene Zivilisation funktionsfähig halten. Etwa 16 000 Briten, fast mehr als in Hongkong, leben in Dubai. Sie halten die Verwaltung und das Management der Firmen aufrecht. Das „Volk", das nach Meinung mancher Protagonisten der Demokratie aus dem Westen in Dubai die Regierung übernehmen sollte, besteht aus etwa 85 000 „locals". Offenbar fühlen sich die meisten in voller Übereinstimmung mit ihren Herrschern, die ihren Untertanen mit dem Petrodollar einen vorher nicht gekannten Wohlfahrtsstaat finanzieren: Ein arabisches Emirat funktioniert nach seinen eigenen Gesetzmäßigkeiten, die in keiner Weise mit „unseren westlichen" Ideen übereinstimmen.

Jenseits der großen Wüsten liegt im Südwesten der Arabischen Halbinsel das Bergland des Jemen und des Asir. Sein Charakteristikum ist der – relative – Wasserreichtum. Anders aber als in Mesopotamien, in Ägypten und in Palästina kommt das Wasser nicht aus einem Flußsystem. Vielmehr sind heftige Monsun-Regenfälle – wie auch im südlichen Oman – die Quelle des Segens. „Arabia felix" – glückliches Arabien hat man den Jemen deswegen genannt. Um das Wasser zu nutzen, mußten Terrassen gebaut werden, die nach heftigen, aber kurzen Niederschlägen das Wasser vor dem Abfließen in die Täler bewahrten. Diese Terrassen gibt es heute noch. In den Wadis, den Wüstentälern, die sich nach Regenfällen oft in Minuten zu reißenden Flüssen wandeln, wurde ein System von Kanälen gebaut, welches das Wasser auf Felder und in Reservoirs führte. Das berühmteste Bauwerk seiner Zeit war der Damm von Marib, der Hauptstadt des Sabäischen Reiches. Er wurde etwa im Jahre 500 vor unserer Zeitrechnung errichtet. Das durch ihn bewässerte Land konnte, so schätzen Experten, 300 000 Menschen ernähren. Als der Damm 575 n. Chr. brach, wurde auch das gesamte ausgeklügelte Bewässerungssystem der Region um Marib zerstört. Es war eine Katastrophe, welche für den Jemen ähnlich schwerwiegend war wie jene, die im 13. Jahrhundert das Zweistromland traf, wo die Mongolen das Bewässerungssystem zerstörten. Die Heimsuchung von Marib ist auch im Koran erwähnt.

Bürgerkriege – Stammeskriege

Die Gesellschaftsordnung des Jemen gleicht jener der Wüstenregionen. Die Menschen fühlen – mehr noch als in den übrigen Teilen Arabiens – bis auf den heutigen Tag eine starke Affinität zur Familie und zum Stamm. Als es im Januar 1986 im damals noch bestehenden sozialistischen Südjemen zu einem Bürgerkrieg kam, der in wenigen Wochen Tausende von Menschenleben kostete, waren nicht in erster Linie ideologische Differenzen die Ursache, sondern alte Fehden zwischen verschiedenen Clans. Der Versuch, diese Gegensätze durch die Ideologie des Sozialismus abzubauen, war fehlgeschlagen.

Seit dem neunten Jahrhundert wurde der Jemen – bis zum Bürgerkrieg in den sechziger Jahren dieses Jahrhunderts – von einem Imam regiert, welcher der schiitischen Glaubensrichtung der Zaiditen angehört. Er hielt sein Gebiet abseits der Entwicklungen der Außenwelt; der Jemen gehörte zu den rückständigsten Staaten. Die Geschichte des Jemen ist weiterhin charakterisiert durch den osmanisch-britischen Gegensatz. Im Jahre 1517 eroberte das Osmanische Reich das Gebiet, 1872 wurde ein Teil des Jemen einem türkischen Vali, einem Gouverneur, unterstellt. Zur Sicherung des Seeweges nach Indien hatten sich die Briten bereits 1839 in Aden festgesetzt.

„Was wir wollen, ist kein vereintes Arabien, sondern ein schwaches, auseinandergerissenes Arabien, das in kleine Fürstentümer zersplittert ist, welche soweit wie möglich unter unserer Oberhoheit stehen, aber unfähig sind, Aktionen gegen uns zu organisieren." So lautete die Maxime britischer Kolonialpolitik im Jemen. Der britisch-osmanische Dualismus bestimmte die Geschicke des Jemen bis zum Zerfall des Osmanischen Reiches im Jahre 1918. Der Nordjemen wurde unabhängig – weiterhin regiert vom Imam. Die Briten zogen sich erst 1967 nach einem weitgehend schon kommunistisch gekennzeichneten Aufstand aus Aden zurück. Damals entstanden auf dem Territorium des Jemen endgültig zwei Staaten. Die „Demokratische Volksrepublik Jemen" mit der Hauptstadt Aden kam unter den Einfluß der Sowjetunion. Ohne ihre Wirtschaftshilfe konnte der neue Staat nicht überleben. Im Norden herrschte von 1962 bis 1969 Bürgerkrieg, nachdem Offiziere sich in einem Coup gegen den konservativ herrschenden Imam erhoben hatten. Diese Republikaner wurden bis 1967/68 von ägyptischen Truppen unterstützt. Gamal Abdel Nasser hatte zeitweise etwa 80 000 Mann im Jemen. Die Royalisten um den Imam wurden vom Königreich Saudi-Arabien versorgt. Die Jahre des jemenitischen Bürgerkrieges dokumentierten den Konflikt zwischen den panarabischen, republikanischen, sozialistischen Ideen Nassers und der konservativen Fürstenordnung am Golf. Letztlich gewannen im Nordjemen die „Republikaner" die Oberhand. Das seit dem neunten Jahrhundert herrschende Imamat gehört der Geschichte an. Daß die ägyptischen Truppen im Juni-Krieg des Jahres 1967 gegen Israel so schlecht abschnitten, hat auch mit der Tatsache zu tun, daß einige Kontingente zu dieser Zeit noch im Jemen standen, andere vom jahrelangen Krieg in Süd-Arabien erschöpft waren.

Saudis – Feinde im Osten

Der Sieg jener Gruppe, die man im Bürgerkrieg Republikaner nannte, hat dem angrenzenden Königreich der Familie Saud bisher kaum geschadet. Denn das Leben im Jemen setzte sich auch in republikanischer Zeit nach den alten Regeln fort, wonach die Affinität zur Familie, nicht aber die zum Staat oder zu einer so abstrakten republikanischen Idee Grundlage der Gemeinschaft ist. Die Saudis konnten immer wieder Stämme im Bereich ihrer Grenzen durch Zuwendungen für sich gewinnen. Als die Einigung beider Jemen im Jahre 1990 näher rückte, fühlten sich die Saudis durch den kommenden Staat von etwa 13 Millionen Menschen an ihrer Westgrenze zunächst verunsichert. Nach altem Muster versuchten sie, Stämme im Süden durch Geldzuwendungen von der Vereinigung mit dem Norden abzuhalten. Sie sollen sogar der sonst so verhaßten sozialistischen Regierung des Süd-Jemen große Summen versprochen haben, sofern diese von der Vereinigung mit dem Norden absah. Ein Volk wehrhafter Bergbauern wie das der Jemeniten stellt für die Saudis nach eigenem Empfinden zumindest latent eine militärische Gefahr dar. Nachdem der Jemen im zweiten Golfkrieg Sympathie für den Irak gezeigt hatte, wiesen die Saudis etwa eine Million jemenitischer Gastarbeiter aus ihrem Königreich aus. Vielleicht hatten sie gehofft, diese Abschiebung werde den sozialen Sprengstoff im Jemen so verschärfen, daß der neue Staat wieder in seine Bestandteile zerfiele. Die Hoffnung hat bisher getrogen.

Die Vereinigung der beiden jemenitischen Staaten hatte ihren Grund nicht so sehr in der Sehnsucht nach Einheit. Denn weiterhin wird das Schicksal des Jemen vom Geben und Nehmen zwischen den Stämmen bestimmt. Zum Beispiel ist es nicht immer möglich, von der Hauptstadt Sanaa völlig gefahrlos nach Marib zu fahren. Rebellieren die Stämme um Marib gegen die Zentralregierung in Sanaa, kann es vorkommen, daß sie ganz einfach die Straße in ihr Gebiet blockieren. Grund für die Vereinigung war vielmehr der wirtschaftliche Bankrott jenes Gebildes, welches sich „Demokratische Volksrepublik Jemen" nannte. Nachdem mit der Agonie des Kommunismus in Osteuropa und in der damaligen Sowjetunion die Subsidien ausblieben, war dem Südjemen die Existenzgrundlage entzogen.

Immerhin, der sozialistische Südjemen hatte mit Reformen wie dem Versuch einer Gleichstellung der Frau und der Beschränkung des Kat-Kauens auf das Wochenende – Kat ist ein Gewächs, das man stundenlang kaut und das eine belebende Wirkung hat – eine Modernisierung der Gesellschaft angestrebt. Manche Anzeichen sprechen dafür, daß solche revolutionären Neuerungen im Norden nicht ankommen, daß der Jemen, eines der rückständigsten Länder der arabischen Welt (benutzt man diese westliche Terminologie), noch einige Zeit sein traditionelles Leben leben wird.

Die Wallfahrt nach Mekka

„Hier kommen wir, o Allah, hier kommen wir. Du hast Deinesgleichen nicht. Hier kommen wir. Lobpreisung und Segen sind Dein – und das Königreich auch! Du hast Deinesgleichen nicht!"

Mit diesen Worten auf den Lippen machen sich jedes Jahr Millionen von gläubigen Muslimen auf die Hadsch, auf die Pilgerfahrt nach Mekka. Barhäuptig, bekleidet lediglich mit zwei saumlosen weißen Baumwolltüchern, die Füße durch leichte Sandaletten geschützt, reisen sie mit Flugzeugen, Schiffen, Bussen, Privatautos nach Mekka. Manche nehmen das Fahrrad, andere wandern zu Fuß, soweit das möglich ist. Mekka, den Geburtsort des Propheten, sollte jeder Muslim einmal im Leben gesehen haben.

Der Pilgermonat Du il-Hadsch ist der zwölfte (und letzte) Mo-

nat des muslimischen Jahres. Dieses Jahr beruht auf dem Mond-
kalender und ist deshalb um etwa elf Tage kürzer als unser Jahr.
Für einen frommen Muslim ist die Hadsch praktisch etwas Un-
erläßliches. Fünf Pflichten hat der Muslim in seinem Leben zu
erfüllen: er muß bezeugen, daß es nur einen Gott gibt und daß
Mohammed sein Prophet ist; er muß fünfmal am Tag, nach
Mekka gebeugt, beten; er muß den Armen Almosen geben; er
muß im Monat Ramadan fasten; und er muß, so er irgend
kann, einmal im Leben auf die Hadsch gehen, nach Mekka pilgern.

Ziel der Hadsch ist die Heilige Moschee in Mekka, in deren In-
nenhof die Kaaba steht. Die Kaaba ist ein rechteckiges Gebäude,
welches von einer schwarzen Brokatdecke bedeckt ist, auf die
man das islamische Glaubensbekenntnis gestickt hat. Für die
Muslime ist die Kaaba das „Haus Gottes". In seiner Nähe wurde
im Jahre 570 christlicher Zeitrechnung der Prophet geboren. Im
Jahre 610 bekam Mohammed vom Erzengel Gabriel den Auftrag,
die Kaaba von Götzendienst und Vielgötterei zu säubern und sie
ihrer ursprünglichen Bestimmung, dem Dienst an dem *einen*
Gott, wieder zuzuführen. Das ist die Geburtsstunde des Islam.
Die islamische Zeitrechnung beginnt aber erst im Jahre 622 A.D.,
als Mohammed von Mekka nach Medina ging, um sich den Ver-
folgungen der Khoreisch zu entziehen, einem Stamm (aus dem
auch Mohammed hervorging), welcher in Mekka am Pilgerge-
schäft hohe Summen verdiente. In den Jahrhunderten seit Abraham war der Glaube an den einen Gott, so argumentierte später
Mohammed, vergessen worden. Der Islam wurde zunächst die Religion der Araber.

Abraham – Erbauer der Kaaba

Muslimischer Tradition gemäß ist die Kaaba von Abraham gebaut
worden. Während die Juden ihre Geschichte von Abraham über
den von seiner Frau Sarah geborenen Sohn Isaac ableiten, geht die
muslimische Genealogie über Abraham und den von seiner
ägyptischen Frau Hagar geborenen Ismael. Abraham, so verkün-
det der Koran, habe seine Frau Hagar und seinen Sohn Ismael

nach Mekka geleitet, sie dann aber dort zurückgelassen. Auf der Suche nach Wasser für Ismael sei Hagar, zwischen den Bergen al-Safa und al-Marwa hin- und hergelaufen und habe so den heute sogenannten „Lauf"-Ritus geschaffen. Das ist ein Teil der Hadsch, an dem die Pilger heute Hagars Suche nach Wasser gedenken. Gott führte Hagar und Ismael zur Quelle Zamzam, wo Abraham mit Ismael, so will es die muslimische Tradition, die Kaaba baute. Abraham forderte, so sieht es der Koran, als erster die Pilgerfahrt nach Mekka. Der Prophet Mohammed erneuerte die Pilgerfahrt und widmete sie abermals dem einen Gott. So hat islamischer Lehre nach die religiöse Tradition der beiden großen semitischen Völker der Araber und der Juden – ein und denselben Ursprung. In der muslimischen Welt war fortan von Bedeutung, wer über Mekka herrschte. Der Scherif (d. i. der Herrscher) von Mekka hatte die Aufgabe, die heiligen Stätten Mekka und Medina zu verwalten. Bis 1924 herrschte die Familie der Haschemiten in Mekka und Medina. Im Jahre 1924 trat die Familie Saud an deren Stelle. Die Haschemiten wurden von der Familie Saud seinerzeit dafür kritisiert, daß sie gelegentlich Nicht-Muslimen den Zutritt nach Mekka und Medina gestattet hatten. Die Einnahmen aus der Pilgerfahrt waren ein wesentlicher Teil im Budget der beiden Familien. Heute, da sich die Zahl der jährlich nach Mekka Pilgernden drastisch erhöht hat, muß die saudische Königsfamilie immense Summen für die Organisation der Pilgerfahrt investieren. In Dschidda erbaute sie einen Flughafen-Terminal speziell für Pilger. Die saudische Königsfamilie will das von ihr beanspruchte „Wächteramt" über die heiligen Stätten penibel ausüben, weil sie aus diesem Amt auch die Legitimation ihrer Macht ableitet. Ob ihr noch ein Profit aus der Pilgerreise der Muslime bleibt, entzieht sich der Nachprüfung. Die Familie der Saud hat ihre Bücher selten offengelegt.

Die Hadsch als politische Demonstration

Auf dem Höhepunkt der Hadsch des Jahres 1987, es war Ende Juli, wurde die westliche Welt zum Beispiel mit einem Schlag auf die jährliche muslimische Pilgerfahrt aufmerksam, die sie sonst allenfalls am Rande wahrnimmt. Agenten des Ayatollah Khomeini hatten, als Pilger verkleidet, versucht, die Heilige Moschee zu stürmen und die schiitische Revolution mitten in die Welt des sunnitischen Islam, mitten in das saudische Königreich und mitten in das Reich der Mūwahhidūn zu tragen. 275 iranische Pilger, 42 Pilger anderer Länder und 85 saudische Polizisten wurden getötet. An der Pilgerfahrt nach Mekka hatte sich nicht nur der während des ersten Golfkrieges ohnehin brisante saudisch-iranische Gegensatz erneut verschärft; an der Hadsch war auch das inner-islamische Schisma zwischen Sunniten und Schiiten drastisch deutlich geworden.

Die Spaltung in Sunniten und Schiiten geht auf die Frühzeit des Islam zurück. Als es im Jahre 656 christlicher Zeitrechnung zum muslimischen Bürgerkrieg zwischen Ali, dem Schwiegersohn des Propheten, und Muawiyya kam, die beide Kalif, Nachfolger des Propheten werden wollten, entstand die Schiat Ali, die Partei Alis. Alis Anhänger argumentieren bis heute, daß nur ein Verwandter des Propheten dessen Nachfolger werden könne. Die Schiiten erkennen demgemäß die ersten drei historischen Nachfolger Abu Bakr (gestorben 634), Omar (gestorben 644) und Utman (gestorben 656) nicht an, sondern erst den vierten, Ali (gestorben 661). Der zweite Imam, wie die Schiiten sagen, war Alis Sohn Hasan (gestorben 669), der dritte Alis Sohn Hussein (von Sunniten getötet im heute irakische Kerbela im Jahre 680 christlicher Zeitrechnung). Der „Märtyrertod" Husseins ist Ursprung für den der Schia inhärenten Hang zum Martyrium, zur Leidensbereitschaft und zum Widerstand gegen die Sunniten. Zu dieser historischen Situation trug andererseits aber auch die Verfolgung durch die sunnitischen Kalifen bei, deren Legitimität durch die Schiat Ali im Grunde stets in Frage gestellt wurde. Die Schiiten verstreuten sich in viele Länder und haben sich im Laufe der Jahrhunderte in etwa 70 Gruppen aufgespalten, von denen viele schon wieder verschwunden sind. Die Sunniten dagegen blieben die geschlossen lebende Mehrheit der Muslime. Ihr Name leitet sich von Sunna ab, was so viel heißt wie „gewohnte Handlungsweise". In vorislamischer Zeit war Sunna die Tugend, dem Vater nachzueifern. Seit Mohammed gilt entsprechend die „Sunna des Propheten" – zu-

sammen mit der Hadith, den gesammelten Worten des Propheten – als Gesamtwerk Muhammeds, dem ein Muslim zu folgen
hat.

Für die Pilgerfahrt nach Mekka hatte die Spaltung des Islam zunächst keine Bedeutung. Die Schia stellte zwar eine Minderheit in
der islamischen Welt, aber sie sprach dieselbe Sprache wie die sunnitische Mehrheit, und sie teilte, zunächst, weitgehend deren Kultur. In Einheit pilgerte man nach Mekka. Das änderte sich erst,
nachdem die Schia Staatsreligion eines nichtarabischen Volkes,
der Perser, geworden war. Im Jahre 1501 nahm die neue persische
Dynastie der Safawiden vornehmlich aus handfesten politischen
Gründen den schiitischen Glauben zur Staatsreligion. Die Safawiden wollten gegen die sunnitische Großmacht der Epoche, gegen
das Osmanische Reich, ein deutliches Gegengewicht setzen. So
machten die Perser die Schia zum geistigen Zentrum ihres Reiches. Das hatte auch seine Konsequenzen für die Hadsch, denn
jetzt waren schiitische Pilger meistens Perser und nicht mehr arabische Stammesbrüder.

Die Familie Saud in Mekka

Zum richtigen Konflikt kam es aber erst im Jahre 1924. Die Kontroversen standen in ursächlichem Zusammenhang mit den Eroberungszügen des Abdul Asis Ibn Saud, der 1924 der heiligen
Stätten der Dynastie der Haschemiten abnahm und nun seine puritanische Spielart des Islam, für die die Schia fast eine Häresie ist,
auch den heiligen Stätten aufprägte. Schon im Jahre 1802 hatten
die Mūwahhidūn Heiligtümer der Schiiten im Südirak überfallen.
Während der saudischen Eroberung Mekkas und Medinas kam es
zu ähnlichen Ausschreitungen der Mūwahhidūn. Der Friedhof al-
Baqi in Medina gilt den Schiiten als heilig, weil dort die Prophe-
tentochter Fatima und vier von jenen zwölf Imamen beerdigt
sind, die die Schiiten verehren. Die neuen Herren von Medina un-
tersagten die Verehrung und zerstörten den Friedhof teilweise.
Die Perser verlangten die Einberufung eines Treffens, auf dem der
Status der heiligen Stätten beraten werden sollte. Erstmals bestrit-
ten persische Schiiten die Rechtmäßigkeit der saudischen Herr-

56

schaft über Mekka und Medina. Dieses Argument nahm Ayatollah Khomeini später wieder auf.

Ein islamisches Schisma

Der Kern des Problems war damals nicht nur der sunnitisch-schiitische Gegensatz, sondern der streng puritanische Wahhabismus selbst. Bis heute sind die Mūwahhidūn innerhalb der Sunniten eine Minderheit. Damals aber war die saudisch-wahhabitische Herrschaft über die muslimischen Kernlande des Hedschas und den größten Teil der Arabischen Halbinsel in der muslimischen Welt umstritten. Der Wahhabismus der Familie Saud galt zeitweise in der muslimischen Welt als eine Häresie. Neue Spaltungen entstanden: politisch zwischen den Saudis und den von ihnen aus Mekka und Medina vertriebenen Haschemiten sowie zwischen dem neuen Staat Saudi-Arabien und dem Iran. Dazu kam eine neue konfessionelle Spaltung – die zwischen der Schia und den Mūwahhidūn. „Der Unterschied in der Doktrin, der den Sunni-Islam von der Schia trennt, erscheint geringfügig im Vergleich zu dem Abgrund, der sich zwischen saudischem Wahhabismus und der Schia auftut", schreibt der Islamwissenschaftler Martin Kramer in einer Analyse der Vorfälle bei der Pilgerfahrt des Jahres 1987 für das „Washington Institute for Near East Policy". In den Jahren seit der saudisch-wahhabischen Eroberung der heiligen Stätten gab es Perioden des Arrangements zwischen beiden Seiten und Zeiten verstärkter Spannungen. Im Jahre 1929 schlossen das im Entstehen begriffene Saudi-Arabien und der Iran einen Freundschaftsvertrag, in dem den Schiiten gleiche Behandlung bei der Hadsch wie den Sunniten zugesichert wurde. 1943 richteten die Saudis einen persischen Pilger hin, weil dieser angeblich die Heilige Moschee in Mekka beschmutzt hatte. Der Vorfall führte zum Abbruch der diplomatischen Beziehungen zwischen beiden Ländern durch den Iran und zu einem Verbot der Teilnahme iranischer Pilger an der Hadsch durch die Regierung in Teheran. Beide Maßnahmen wurden später wieder aufgehoben.

Doch die Kontroversen dauerten an. Als der Rektor der Universität al-Azhar in Kairo 1959 in einer Fatwa, in einem Schiedsspruch bestimmte, die Schia sei ein legitimer muslimischer Ritus, wie „andere Riten des Sunni-Islam auch", reagierten die Wahhabis Saudi-Arabiens negativ. Die Saudis schlossen zeitweise Schiiten aus der von ihnen gegründeten „Welt-Muslim-Liga" aus.

Ein politischer Ritus

Eine neue Qualität bekam die Kontroverse mit dem Sieg der schiitischen Revolution im Irak. Khomeini und seine Mitkämpfer gaben, so interpretiert Michael Kramer die Entwicklung, die traditionelle Doktrin auf, wonach während der Pilgerreise politische Neutralität zu üben sei. Indem sie ihre Anhänger aufforderten, die Pilgerreise als einen „politischen Ritus" zu betrachten, hätten Khomeini und die anderen Mullahs die Schiiten von den übrigen Pilgern getrennt und damit auch den prekären Frieden gefährdet, der die Hadsch bis dahin charakterisiert habe. Die saudischen Animositäten gegen die Pilger aus dem Iran wuchsen, als prominente iranische Pilger auf dem al-Baqi-Friedhof in Medina zu beten begannen – jenem Friedhof, den die Wahhabis in ihren Eroberungszügen zweimal fast vollständig zerstört hatten. Seit dem Ausbruch des ersten Golfkrieges beteten Schiiten noch mehr in al-Baqi, weil ihnen der Zutritt zu ihren heiligen Stätten im Südirak verwehrt wurde. Saudische Führer indessen, sogar der berühmte Staatsgründer Abdul Asis Ibn Saud, wurden und werden – dem strengen wahhabitischen Kodex entsprechend – an Orten beigesetzt, die der Öffentlichkeit weitgehend unbekannt sind. Eine nachträgliche Verehrung durch Grabkult oder durch den Bau von Denkmälern gilt heute wie zur Zeit Abdul Wahhabs als Abweichung vom reinen Glauben.

Nach den Zwischenfällen bei der Hadsch von 1987 brach Saudi-Arabien die diplomatischen Beziehungen zum Iran abermals ab. Im September 1989 richteten die Saudis öffentlich 14 Schiiten aus Kuwait hin, weil sie nach Meinung der Saudis bei der Hadsch des Jahres 1989 im Auftrage der Iraner Bombenanschläge verübt hätten. Damit setzten die Saudis den sunnitisch-schiitischen Glaubenskrieg, besser den wahhabisch-schiitischen Glaubenskrieg fort. Zu einer Entspannung zwischen dem Iran und

Saudi-Arabien kam es erst wieder nach dem zweiten Golfkrieg im Jahre 1991. Beide Staaten nahmen die 1987 abgebrochenen diplomatischen Beziehungen 1991 wieder auf. Beide stellten die konfessionellen Gegensätze hintan, um geschlossen gegen einen gemeinsamen Feind auftreten zu können, gegen den geschlagenen, aber nicht abgetretenen Saddam Hussein. Mit der Wiederaufnahme der diplomatischen Beziehungen wurde der erneute Eintritt des Iran in das Machtspiel am Persischen Golf durch Saudi-Arabien sozusagen offiziell beglaubigt. Man darf annehmen, daß der Iran dafür mit dem Versprechen bezahlt hat, die Hadsch nicht zu stören, mithin die Legitimität der Herrschaft des saudischen Königshauses über Mekka und Medina (vorerst) nicht mehr in Frage zu stellen.

Zweites Kapitel

Jenseits der kulturellen Wasserscheide

Vom Zweistromland zum heutigen Irak

Der Krieg ist vorbei – wieder einmal. Er hat Arabien schwere Schäden gebracht. Kuwait wurde von den arabischen Brüdern aus dem Norden besetzt und gebrandschatzt. Die Infrastruktur des Irak wurde im zweiten Golfkrieg durch vornehmlich amerikanische Bombenangriffe angeschlagen. Wie viele Irakis starben – 100 000 oder 200 000 –, wird kaum genau zu ermitteln sein. Ebensowenig weiß man, wie viele Menschen im ersten Golfkrieg starben. Manche Schätzungen sprechen von einer Million Toten. Verheerend sind auch die politischen Konsequenzen. Wieder einmal hat sich gezeigt, daß es „Arabien" nicht gibt. Was es gibt, sind verschiedene arabische Staaten, die von verschiedenen Regimen und Familienclans beherrscht werden, die ihre partikularen Interessen verfolgen. Sie alle haben unterschiedliche historische Entwicklungen hinter sich, die sie eher trennen als verbinden. Der Irak ist politisch mehr mit dem Nachbarn Iran als mit dem entfernt liegenden arabischen Bruder Algerien befaßt. Der Jemen ist eine Welt für sich. Wenn Syrer, Iraker oder Jordanier erstmals den Jemen besuchen, können sie oft ihr Erstaunen nur dürftig zurückhalten: Das sollen unsere „arabischen Brüder" sein? Syrien und der Libanon sind levantinische Staaten, Ägypten ruht seit jeher in sich selbst, der Sudan ist afrikanisch geprägt, und die Maghrebstaaten Nordafrikas sind Mittelmeeranrainer und nach Südeuropa orientiert. Arabien? Es kann kein geeintes Arabien geben, es muß es auch nicht geben. Wünschenswert wäre eine arabische Staatenwelt, deren Mitglieder sich weniger Schwierigkeiten bereiten, als sie es seit viereinhalb Jahrzehnten tun, die miteinander kooperieren, einander nicht bekriegen, in der Ägypter nicht als nichtsnutze Fellachen gelten und in der die fähigsten Köpfe, die Palästinenser, nicht zu Parias gemacht werden. (siehe dazu auch „Der Kampf um Palästina", Seite 108)

Durch den arabisch-arabischen Krieg am Golf aber wurde ein altes – arabisches – Kulturland abermals zerstört. Zwei Teile Arabiens prallten aufeinander. Zwar reicht die Wüste der Halbinsel bis vor die Tore von Bagdad und Damaskus, doch stellen die Halbinsel und der heutige Irak eigentlich zwei verschiedene politische Regionen dar. Hier die noch heute durch Stammes- und Beduinensitten geprägte Lebensweise der Fürsten und ihrer Untertanen, dort, im Irak, ein Staat, der auch von einem Clan – dem Clan Saddam Husseins – beherrscht wird, der sich aber zumindest nach außen als reformerischer Nationalstaat gibt. Schüchterne Modernisierungsversuche unter sozialistischem Vorzeichen einerseits und eine wahrhaft despotisch-orientalische Herrschaftsform andererseits kennzeichnen ihn. Während die Bindungen, welche manche Bewohner der Golfstaaten noch heute an ihre Stammesfürsten empfinden, manchmal durchaus familiären Charakter haben, kann man im Irak von der „Familienbande" im negativen Sinne sprechen, wenn man an die Herrschaft der Takritis, der Familie Saddam Husseins, denkt, die ein ganzes Volk unterdrückt.

Der kulturelle und politische Graben, der Kuwait heute vom Irak trennt, scheidet gleichzeitig die Arabische Halbinsel von jenen Staaten, die für den deutschen Sprachgebrauch im engeren Sinne der „Nahe Osten", für die Briten „The Middle East" sind: Irak, Syrien, Jordanien, Israel, Libanon und, mit Einschränkungen – Ägypten. Diese kulturelle Wasserscheide prägt das politische Handeln der Golfstaaten: Als sie etwa 1981, ein Jahr nach Ausbruch des ersten Golfkrieges, aus den Stammesstaaten Kuwait, Bahrain, Katar, den Emiraten, Oman und Saudi-Arabien den Golf-Kooperationsrat bildeten, ließen sie den arabischen Golfanrainer Irak bewußt vor der Tür. Ein der Form nach säkularer, laizistischer Staat, paßte nicht zu den Fürstentümern mit ihren im Inneren, in gewisser Weise „demokratischen" Strukturen. Daß der Iran mit seiner schiitischen Staatsideologie nicht Mitglied des Fürstenbundes am Golf sein konnte, war für die Scheichs eine Selbstverständlichkeit, für das Königreich Saudi-Arabien, das die Schia fast als Häresie betrachtet, eine Überlebensfrage. Schließlich bittet man den Revolutionär nicht in den intimen Familienrat.

Der Fruchtbare Halbmond

Dieser andere, heute ebenfalls im Brennpunkt der Weltöffentlichkeit stehende Teil Arabiens hat fast eine konträr laufende kulturgeschichtliche Entwicklung hinter sich. Auch hier bestimmte die Geographie das Schicksal der Menschen ganz wesentlich. Vom Yarmuk-Jordan-Flußsystem in Palästina über den Orontes in Syrien bis zum Zweistromland im heutigen Irak zieht sich der „Fruchtbare Halbmond", ein verhältnismäßig wasserreiches, in Palästina und Syrien zusätzlich durch Winterregenfälle gesegnetes Gebiet, in dem die ältesten städtischen Kulturen entstanden sind. In dieser Region gibt es heute eigentlich nur zwei Staaten, von denen man sagen kann, sie seien, einigermaßen, historisch gewachsen: Syrien, das allerdings durch koloniale Grenzziehungen amputiert wurde, und der Irak, der im historischen Mesopotamien liegt und der von den Briten aus den ehemaligen osmanischen Vilayets (Verwaltungsbezirke) Basra, Bagdad und (etwas später) Mosul zusammengestellt wurde. Ein einheitliches Staatsvolk hat er nicht. Arabische Schiiten im Süden und nichtarabische, sunnitische Kurden im Norden bilden die Mehrheit über die „einheimischen" Sunniten, zu denen Saddam Hussein gehört. Für die Schiiten aller Welt ist der Südirak von zentraler Bedeutung. Das Grab Alis in Nadschaf und seines Sohnes Hussein in Kerbela (beide südlich von Bagdad gelegen) sind die bedeutendsten Wallfahrtsstätten der Schiiten. Während des schiitischen Aufstandes gegen Saddam Hussein nach Ende des zweiten Golfkrieges wurde auch in Nadschaf und Kerbela gekämpft.

Geographisch außerhalb dieses Kreises liegt Ägypten – ein Teil Afrikas. Historisch ist es aber, abgesehen von seinen Kontakten zum Sudan, der wegen des Nilwassers zentrale Bedeutung hat, eher nach Westasien orientiert, also nach Syrien, Palästina und zum Irak. Schon unter den Pharaonen segelten Ägypter bis nach Biblos (im heutigen Libanon), um dort das wertvolle Zedernholz zu kaufen. Die Fatimiden, die von 969 bis 1171 in Ägypten herrschten, inkorporierten auch Syrien in ihr Imperium. Salah ad-Din, der Sieger über die Kreuzfahrer, herrschte ebenfalls über Syrien und Ägypten gleichzeitig. Der ägyptische Mamluken-Sultan Baybars bekämpfte 1260 die Kreuzfahrer in Syrien; und schließlich versuchte Muhammed Ali, der Beherrscher Ägyptens in der ersten Hälfte des 19. Jahrhunderts, Syrien für sich zu gewinnen. Wie das Land am Nil, so war auch Mesopotamien Zentrum einer großen, genauer, mehrerer bedeutender Kulturen. Nur sind alle diese Kulturen immer wieder zerstört worden, während Ägypten, wenn auch unter fremden Herrschern, seine staatliche Einheit bewahrte. Die bisher letzte Hochkultur Mesopotamiens, die Kultur des abbassiddischen Reiches mit ihrem Zentrum in Bagdad, brach im Jahre 1258 unter dem Ansturm der Mongolen zusammen.

Das alte Mesopotamien

Von dem, was die abendländische Geschichtsschreibung den „Mongolensturm" nennt, hat sich das Zweistromland bis heute nicht erholt. Von wie vielen Kriegen das Zweistromland überhaupt in seiner Geschichte überzogen worden ist – man wird es im einzelnen kaum exakt feststellen können. Die beiden Golfkriege werden wohl nicht die letzte Heimsuchung gewesen sein, die über Mesopotamien hereingebrochen ist. Die historische Erfahrung legt vielmehr die Voraussage nahe, daß lediglich eine der vielen, manchmal durchaus lang andauernden Zwischenkriegszeiten angebrochen ist. Das freilich ist eine optimistische Voraussage. Stürzt Saddam Hussein, der für die Amerikaner nach ihrem Sieg schnell vom Erzfeind zum Stabilitätsfaktor geworden ist, dann können Aufstände der Kurden im Norden und der Schiiten im Süden – wie schon im Frühjahr 1990 – das Zweistromland erneut zerstören.

Im Garten Eden

Indessen ist Krieg nicht der einzige Wesenszug des Zweistromlandes. Die vielleicht etwas ausufernde Phantasie des Menschen hat sich Mesopotamien manchmal als ein ewig fruchtbares Stück Erde vorgestellt, als ein Stück Land, das ohne viel menschliches Zutun Wohlstand produziert, als einen Garten Eden, dessen Früchte dem Menschen in den Schoß fallen. Im Paradies hat es allerdings auch den Sündenfall gegeben, und auf Beispiele „menschlicher Verrücktheit", wie sich der Kulturhistoriker Egon Friedell ausdrückt, trifft man besonders im Zweistromland allenthalben. Generationen von Kulturhistorikern haben sich mit Mesopotamien beschäftigt, das aus europäischer Perspektive zum „nahen" oder „mittleren" Osten gehört, geographisch und historisch aber (weitgehend) ein Teil Westasiens ist. Egon Friedell etwa nimmt das Thema vom Sündenfall auf: die Strafe für diese „menschliche Verrücktheit", wie er sich ausdrückt, sei die Arbeit, zu der der Mensch in Zukunft verflucht sei: „Erkenntnis und Arbeit sind fortan das Los des Menschen, seine Erbsünde und sein Erbfluch." Das freilich ist die jüdisch-christliche Interpretation des Geschehens. Der Islam kennt weder Erbsünde noch Erbfluch. Bleiben wir bei der christlichen Sichtweise, so brachten Erbsünde und Erbfluch in Mesopotamien hervor, was Historiker große Zivilisationen nennen. Interpretieren wir den Islam, so waren diese Zivilisationen Ergebnis der freien Entscheidung Adams, vom Baum der Erkenntnis zu essen und das Paradies zu verlassen. – Mesopotamien jedenfalls wurde Heimstatt vieler Hochkulturen. Städte wie Nimrod, Ur, Ninive und Babylon erinnern an den alten Glanz. Eine der größten Kulturleistungen war die Entwicklung der Landwirtschaft, die mit systematischem Ackerbau und ständiger Viehhaltung vor etwa 8500 Jahren im Raume von Kirkuk (nordöstlich vom heutigen Bagdad) begann. Das Zweistromland wurde Stätte der Erfindung von Rad und Pflug (durch die Sumerer), hier wurde auch erstmals Schrift verwendet. Archäologen haben bei Grabungen im Nildelta Verbindungen zwischen der Kultur der Sumerer und dem alten Ägypten nachgewiesen.

Die Hochkultur der Araber

Die letzte Hochkultur, die Mesopotamien erlebt hat, war der arabisch-muslimische Vielvölkerstaat der Abbassiden-Khalifen. Sein Zentrum war Bagdad. Die Abbassiden hatten die Omajaden von

Damaskus abgelöst. Von 750 bis 1258 regierten die Abbassiden in Bagdad. Höhepunkt des islamischen Kalifats bis zu seiner Auflösung durch Mustafa Kemal Atatürk im Jahre 1923 war die Herrschaft Harun al-Raschids (786–809). Harun tauschte mit seinem Zeitgenossen, dem Franken Karl dem Großen, Botschaften und Geschenke aus. Historiker sprechen der Person Harun al-Raschids und der durch ihn repräsentierten islamischen Kultur Überlegenheit gegenüber Karl und dem gerade entstehenden „Abendland" zu. Es war die „Goldene Ära" des Islam, wie sich der Historiker G. E. von Grunebaum ausdrückt.

Wie kam es dazu, daß die „Invasoren aus der Wüste", die Araber, in kurzer Zeit solch eine Hochkultur schufen? Philip K. Hitti sieht die Invasoren, die „ohne Tradition von Gelehrsamkeit, ohne kulturelles Erbe" gewesen seien, „in Syrien, in Ägypten, im Irak, in Persien als Schüler zu Füßen jener Völker" sitzend, über die sie gesiegt hatten: „Und als was für gelehrige Schüler sie sich zeigten!" Innerhalb eines dreiviertel Jahrhunderts nach Gründung Bagdads „war die arabisch sprechende Welt im Besitz der bedeutendsten philosophischen Werke des Aristoteles, der führenden neoplatonischen Kommentatoren sowie der persischen und indischen wissenschaftlichen Werke. In nur wenigen Jahrzehnten übernahmen arabische Gelehrte, was die Griechen in Jahrhunderten entwickelt hatten" (Hitti).

Doch ohne die Iraner wäre die islamische Kultur kaum so aufgeblüht. Iraner nahmen viele Schlüsselpositionen im Reich der Abbassiden ein. Fast 30 Millionen Menschen wohnten damals zwischen Euphrat und Tigris. So dicht sei das Land besiedelt gewesen, daß sich die Menschen, heißt es in einigen Berichten, manchmal durch Zuruf von Dorf zu Dorf hätten verständigen können. Philip K. Hitti berichtet von einem hochorganisierten Post-System im Reich der Abbassiden, das mit Tauben arbeitete, das detaillierte Routen hatte und dessen „General-Postmeister" gleichzeitig der imperiale Geheimdienstchef gewesen sei.

Wirtschaftliche Lebensgrundlage der abbassidischen Hochkultur war die Landwirtschaft. Die Araber bauten also auf einem vorgefundenen Wirtschaftssystem auf, und sie ergänzten es. Die Landwirtschaft beruhte auf einem ausgeklügelten Be- und Entwässerungssystem. Denn um eine Versalzung der Böden (wie man sie heute im Irak so oft sieht) zu verhindern, muß das sich ständig bildende Salz auch wieder abgeschwemmt werden. Der Norden des Abbassiden-Reiches, überwiegend das heutige Syrien, lebt vom Regenfall-Feldbau. Im Süden, zum Golf hin, ist seit Menschengedenken Be- und Entwässerung überlebenswichtig. Im Niltal war ein solch ausgeklügeltes System bis zum Bau des Hochdammes von Assuan nicht notwendig. Die Nilflut kam und brachte den fruchtbaren Schlamm, und sie zog sich zurück, und dabei entwässerte und entsalzte sie das Fruchtland.

Die Mongolen im Zweistromland

Das Ende des Abbassiden-Reiches zeichnete sich lange ab. Um das Imperium regieren zu können, holten sich die Abbassiden Sklaven türkischen Ursprungs – Mamluken. Die wurden der Dynastie bald so gefährlich, daß eine neue Hauptstadt nördlich von Bagdad gebaut wurde. Es entstand Samarrah mit seiner berühmten, durch ein Spiral-Minarett charakterisierten Moschee. Bagdad, schrieb der arabische Reisende Maqdisi bereits 985, fast zwei Jahrhunderte vor dem Ende der Abbassiden, „Bagdad zerfällt, sein Ruhm ist dahin". Das schauerliche Ende kam im Jahre 1258. Von dem Schlag hat sich das Zweistromland bis heute nicht recht erholt. Die Eroberung Bagdads durch die Mongolen bedeutete weit mehr als eine der üblichen Katastrophen, die immer wieder über die Hochkulturen Mesopotamiens hereingebrochen waren oder die sich die Zivilisationen des Zweistromlandes gegenseitig zugefügt hatten. Der Mongolensturm war von „qualitativ" ganz anderer Art. Es lohnt sich, den britischen Autor Wilfred Thesiger ausführlicher zu zitieren. Über den Mongolensturm und über den Tod des letzten Abbassiden-Khalifen durch den Mongolen Hulagu schreibt Thesiger: „Der Leichnam des Khalifen war nur einer von 800 000. So viele Menschen schlachteten die Mongolen ab, nachdem sie die Stadt (Bagdad) geplündert hatten."

Tausende von Jahren, schreibt Wilfred Thesiger weiter, sei der Irak ein besiedeltes Land gewesen, mit blühenden Städten und einer entwickelten Landwirtschaft; jeder Eroberer hätte zu der bestehenden Kultur etwas Neues hinzugefügt, hätte seine Kultur auf der vorhergehenden aufgebaut. Und Egon Friedell bemerkt, politischer Inhalt der Geschichte Mesopotamiens sei bis zum Mongolensturm nicht sinnlose Vernichtung gewesen, sondern „der Kampf des Kernlandes der Strommündungen um die Herrschaft in ganz Vorderasien". Alle Eroberer, außer den Mongolen, hätten sich, so interpretiert Wilfred Thesiger die Geschichte, um die Instandhaltung „der Kanäle, um die Bewässerung gesorgt".

Die Osmanen kommen

Die traurige, mehr als 700 Jahre dauernde Geschichte bis zur Gegenwart ist schnell erzählt. Im Jahre 1401 wurde Bagdad noch einmal, diesmal durch die Mongolen Timur Lengs erobert. Daß die Schlächterei nicht noch einmal die Ausmaße des Jahres 1258 annahm, lag nur daran, daß inzwischen in Bagdad weniger Menschen wohnten. Nach Timur Leng kamen die ersten türkischen Eroberer, dann, 1509, die Perser. Schließlich richteten sich 1534 die osmanischen Türken im Zweistromland ein. Sie blieben bis zum Ende des ersten Weltkrieges. Großes Interesse an der Landwirtschaft hatte die Kriegerkaste der Osmanen nicht. Als sie in Mesopotamien erschienen, waren schon viele arabische Beduinen ins Land gekommen, viele der Überlebenden waren zu Halbnomaden geworden, denn das verschaffte Mobilität und somit Schutz gegen räuberische Überfälle, die man seit den Mongolenkriegen ständig fürchten mußte. Mesopotamien, das „arabische Zentrum der islamischen Welt", wurde für die Osmanen, wie Arnold Hottinger es ausdrückt, „zum tributpflichtigen Hinterland", das Zweistromland war „Hinterhof des Osmanischen Reiches" (Hottinger).

Ein dürftiger Neuanfang

Es dauerte Jahrhunderte, bis man sich des alten Reichtums Mesopotamiens, des Wassers, besann. Im Jahre 1903 legte der Brite Sir Alexander Gibbs einen umfassenden Be- und Entwässerungsplan vor. Dieser Plan beruhte weitgehend auf alten Vorlagen. 1906 be-

68

gann Sir William Willcocks im Auftrag der Osmanischen Regierung mit der Messung der Wasserstände. 30 Millionen Menschen waren einst durch das Zweistromland ernährt worden. 1927 aber lebten nur noch 2,9 Millionen Einwohner in Mesopotamien, 1947 waren es 4,8 Millionen, und 1987 zählte man im Irak 16 Millionen Menschen, heute sind es 17 Millionen.

Man tut der seit 1968 herrschenden sozialistischen „Partei der Arabischen Wiedergeburt" (Baath) mit der Behauptung vermutlich nicht zu viel der Ehre an, sie habe, wenn auch sehr langsam, die Bedeutung der Wiederbelebung der alten Kultur erkannt. Das Bewässerungssystem wurde, so weit in den wenigen Jahren möglich, instand gesetzt; die Landwirtschaft, angesichts des Ölreichtums lange Zeit stiefmütterlich behandelt, gewinnt an Bedeutung. Doch noch immer sind 64 Prozent des künstlich bewässerten Landes im Südirak von der Gefahr der Versalzung betroffen. Man schätzt, daß jährlich 15 000 bis 20 000 Hektar Landes unfruchtbar werden. Auch die Wälder im Nordirak sind bedroht. Von 1970 bis heute seind etwa 600 000 Hektar Waldes verlorengegangen – nicht zuletzt deshalb, weil die Irakis in ihren zahlreichen Kurdenkriegen viele Flächen abgeholzt oder abgebrannt haben, um die Schlupfwinkel der Kurden auszuheben.

Die Briten im Irak

Der Irak des zwanzigsten Jahrhunderts ist wie Jordanien eine Schöpfung der Briten. Vom Völkerbund ließen sie sich das „Mandat" über den Irak geben (siehe auch den Abschnitt über Syrien). Sie fanden ein Land vor, in dem wie auf der Arabischen Halbinsel die Bedeutung der nomadischen und halbnomadischen Stämme groß war. „Anstelle der Liebe zum Land hat Loyalität zur Familie und zum Stamm das soziale und politische Leben des Irak dominiert", schreibt Phebe Marr. Der Zivilisationsprozeß hat in den letzten Jahrzehnten den Tribalismus zurückgedrängt, dennoch sind im politischen Leben „Familien, Clan- und lokale Bindungen stärker als nationale Loyalität und breitere Ideologien".

Die Briten kamen als Kolonialmacht. Ihre Herrschaft im Irak sollte praktisch eine Brücke vom britischen Protektorat Ägyptens

über ihr Mandatsgebiet in Palästina und das von ihnen beein-
flußte Transjordanien bis an den Persischen Golf schlagen. 1920
sahen sich die Briten einer Revolte gegenüber, welche sie als Stam-
mesaufstand abtun wollten, die aber auch durch den erwachen-
den arabischen Nationalismus geprägt war. Der Aufstand brach
zusammen, verfehlte mithin sein Ziel der irakischen Unabhängigkeit, hatte aber insofern Erfolg, als sich die Briten in den Jahren
danach mit einer eher indirekt ausgeübten Herrschaft über den
Irak zufrieden gaben. 1932 wurde der Irak unabhängig und Mitglied des Völkerbundes (das ebenfalls von den Briten kontrollierte
Emirat Transjordanien erreichte diesen Status erst 1946). Allerdings gab ein 1930 geschlossener, auf 25 Jahre befristeter Vertrag
den Briten das Recht auf die Benutzung einiger Luftwaffenstütz-
punkte im Irak.

Erster König des Irak wurde Faisal, Sohn des Haschemitenherr-
schers und Scherifen Hussein Ibn Ali aus Mekka (siehe auch den
Abschnitt über Syrien) und Bruder des von den Briten in Transjordanien eingesetzten Emirs Abdullah. Feisal war zuerst als König
Syriens vorgesehen, wurde von dort aber von den Franzosen vertrieben. Die Briten sahen in den beiden Haschemitenherrschern
ein Gegengewicht gegen den französischen Einfluß. So wurde der
Irak auch ein Spielball europäischer Kolonialpolitik.

Trotz der irakischen Unabhängigkeit besetzten die Briten im
folgenden Jahr den Irak ein zweites Mal. Die irakische Regierung
hatte sich geweigert, einer britischen Bitte nachzukommen, die
Beziehungen zu Italien abzubrechen. Großbritannien fürchtete,
die italienische Botschaft in Bagdad werde zu Propagandazwecken
der Achsenmächte mißbraucht. Im Laufe des eskalierenden Konfliktes knüpften die Irakis Kontakte mit den Deutschen und ver-
weigerten den Durchmarsch britischer Truppen, den sie dem
Vertrag von 1930 zufolge hätten erlauben müssen. Im Mai 1941
kam es zu einem kurzen Krieg, den die Briten (wie später den
zweiten Golfkrieg von 1991) aus der Luft gewannen. 40 Flugzeuge
besaß der Irak, 25 davon waren innerhalb von Stunden zerstört.
(Es ist wohl mehr als nur eine Ironie der Gechichte, daß britische
Tornado-Bomber im zweiten Golfkrieg von Bahrain aus, wo Briten traditionell gut gelitten sind – Ziele im Irak bombardierten, in

dem sie einst als pure Kolonialmacht auftraten.) Die zweite britische Besetzung dauerte bis 1945. Als Abdel Karim Kassem 1958 die Haschemitendynastie stürzte, berief er sich, indirekt zumindest, auch auf die Ereignisse von 1941.

Die Briten hatten dem Irak zwar eine Monarchie, einen König, ein Parlament, Parteien und eine Bürokratie gebracht, aber in dem weitgehend noch von Stammesfürsten und reichen Landbesitzern beherrschten Land funktionierten diese aus einem anderen Kulturkreis eingeführten Institutionen nicht so recht. Hinter der Fassade der „Demokratie" dauerten die nach altem Muster fortgeführten Intrigen und Fehden fort. Die neue Intelligenz aus Rechtsanwälten, Professoren, Ärzten, Studenten und Journalisten war in sich gespalten und wurde deshalb nicht zu einem stabilen Fundament der durch die Briten eingeführten politischen Ordnung. Insgesamt fand die konstitutionelle Monarchie nie zu einer dauerhaften politischen Stabilität. Die Beseitigung der ägyptischen Monarchie durch Gamal Abdel Nasser (1952) und seine Verstaatlichung des Suezkanals (1956) gaben das Vorbild ab für den Brigadier Abdel Karim Kassem, auch die Monarchie im Irak (1958) zu zerstören. Dieser Coup bedeutete auch den Anfang vom Ende des von den Briten inspirierten Versuches, ein parlamentarisches Leben nach westlichem Vorbild zu gebären und so den Irak zu modernisieren. Einen anderen, in der Region geborenen Versuch der Modernisierung unternahm die Baath-Partei. Er endete in der Despotie Saddam Husseins.

Die Baath-Partei

Die Baath-Partei stützt sich wie der parlamentarische Reformversuch der Briten auf einen europäischen Import. Die Ideologie des Sozialismus sollte Grundlage arabischer Erneuerung werden. Die sozialistische Baath-Partei wollte Arabien aus seiner Rückständigkeit befreien. Doch jene, die im Namen der Baath herrschen, haben sich von den Ideen der Baath weit entfernt. Als einer ihrer Gründer, Michel Aflak, 1989 starb, nahm kaum jemand von diesem Ereignis Notiz – am wenigsten jene Regierungen, die im Namen der Baath herrschen. Mit der „Bewegung" der Baath wollte

Michel Aflak 1942 die arabische Nation auf einen neuen Weg führen. Aflak war 1910 in einer christlich-orthodoxen Familie Syriens geboren worden. Die Rettung für die „arabische Nation" sah er in einer nationalen arabischen Ideologie (wie später auch Gamal Abdel Nasser) und in einer sozialistischen Wirtschaftsform. Al-Baath, Wiedergeburt, lautete sein Rezept. Auf dem Gründungskongreß 1947 wurde aus der „Bewegung" eine „Partei" – die „Sozialistische Partei der Arabischen Wiedergeburt". Der Prophet Mohammed hat die Zersplitterung der Araber in Stämme, Großfamilien und Clans durch die Solidarität der islamischen Umma, der weltweiten islamischen Gemeinschaft, ersetzen wollen. Die Muwahhidun, die auf Abdul Wahhab zurückgehenden Wahhabis, suchten die arabische Einheit durch eine besonders strikte Auslegung des vom Propheten verkündeten Glaubens zu erreichen. Im 20. Jahrhundert sollte arabischer Nationalismus die arabische Welt einigen. Feisal, der spätere König des Irak, erklärte in einem Memorandum an die Pariser Friedenskonferenz: „Das Ziel des arabischen Nationalismus ist es, die Araber in einer Nation zu einigen." Michel Aflak wollte die arabische Nation durch einen übergreifenden Säkularismus zusammenbinden, in dem auch die Christen überleben könnten. Von seinen frühen Weggefährten war Salah ad-Din al-Bitar, der Mitbegründer der Partei, ein Sunni-Muslim und Zaki al-Arsuzi ein Alawit (d. h. ein Schiit). Schon diese Persönlichkeiten weisen auf den überkonfessionellen und das alte Clan-Denken zu überwinden trachtenden Ansatz der Baath. Dennoch sah Michel Aflak im Islam eine Macht, mit der Europa Paroli zu bieten wäre. 1943 schrieb er: „Europa hat heute genauso viel Angst vor dem Islam, wie das in der Vergangenheit der Fall gewesen ist. Es weiß jetzt, daß die Stärke des Islam ... wiedergeboren wurde und in einer neuen Form erschienen ist: im arabischen Nationalismus" (zitiert nach Malise Ruthven). Michel Aflak schuf eine straffe Parteiorganisation – etwas Ungewöhnliches in der Arabischen Welt –, und er versuchte, viele gute Parteikader heranzubilden, um das im Orient übliche Prinzip der Vererbung der Macht auf einen familiären Nachfolger durch den Grundsatz der Auswahl des Besten zu ersetzen.

Michel Aflak hatte keinen Erfolg. Die beiden in Syrien und im

Irak herrschenden Baath-Parteien sind jeweils in ein „nationales"
und in ein „regionales" Büro geteilt. Die regionalen Büros sind für
Syrien beziehungsweise den Irak zuständig, die nationalen Büros
indessen für die arabische „Nation", die es durch die Baath zu
einigen galt. Aber natürlich – so muß man angesichts der arabischen Zersplitterung leider sagen – bekämpfen sich die Baath-Parteien in Damaskus und im Irak ebenso wie die Herrscher der
beiden Staaten. Ihre für die „arabische Nation" zuständigen „nationalen" Büros haben versagt. In Syrien hat sich unter Präsident
Hafis el-Assad die schiitische Minderheit der Alawiten (etwa zehn
Prozent der Bevölkerung) der Baath bemächtigt und herrscht rigo-
ros über die Mehrheit. Im Irak regiert der arabisch-sunnitische Familienclan der al-Takritis über arabische Schiiten und sunnitische
Kurden. Die Schiiten allein stellen mehr als fünfzig Prozent der
Bevölkerung. Einen „demokratischen" Austausch der Führer hat
es nicht gegeben. Hafis al-Assad herrscht seit 1971, Saddam Hussein al-Takriti seit 1979.

Die Baath habe ihren Weg mit jugendlichem Eifer begonnen,
sei dann aber in den Intrigen der Militärs versunken, schreibt
Fouad Ajami. An der Malaise der arabischen Niederlage gegen Israel 1967 trage die Baath keine geringe Schuld, erklärt Fouad
Ajami: „Die Baathisten hatten Einheit gepredigt, aber sie konspi-
rierten gegen diese Einheit, als sie sich abzeichnete. Ihre kräftigen
Lungen und ihre Rhetorik hatten dazu beigetragen, Nasser in eine
Ecke zu drängen und den Sechs-Tage-Krieg vom Zaun zu bre-
chen." So scheiterte Michel Aflaks Versuch, einen Nationen übergreifenden Patriotismus und wirtschaftliche Prosperität zu schaffen, an den Machtambitionen der Clans, der Potentaten, am
Tribalismus, der alle Reformversuche überlebte, aber auch am Nationalstaat, in dem die traditionellen gesellschaftlichen Gegensätze auf andere Art weiterlebten.

Saddam Hussein al-Takriti

Typisch für diese Pervertierung ist das Herrschaftssystem, das
Saddam Hussein auf der Basis seines eigenen Clans, seiner Familie aus dem Ort Takrit aufgebaut hat. „Es gibt keinen anderen

Weg als den, welchen wir gewählt haben. Und wir haben diesen Weg, den Weg des Kampfes, gewählt", sagte er während des zweiten Golfkrieges in jener wort- und girlandenreichen Sprache, welche arabischen Führern eigen ist. Seit dem 16. Juli 1979 steht Saddam Hussein an der Spitze des Irak. In diesen Jahren Saddamscher Herrschaft hat der Irak fast nur Krieg erlebt: sieben Jahre und elf Monate Krieg gegen den Iran und dann sieben Monate Krise und Krieg um Kuwait. Wer ist Saddam Hussein, dem die Biographen erstmals im Jahre 1951 – Saddam ist damals gerade 14 Jahre alt – eine Gewalttat zuschreiben: Saddam Hussein habe damals auf einen Lehrer geschossen. Vier Jahrzehnte später hat Saddam Hussein seine Vita auf ihren folgerichtigen Scheitelpunkt gebracht: Saddam Hussein ist ein weltweit Geächteter.

„Die Wahrheit über Saddam Hussein, der Frucht seiner Kultur, Frucht seiner persönlichen Vita und Frucht der Situation seines Landes ist, kann nicht dieselbe sein wie die Wahrheit über George Bush", schreibt während des zweiten Golfkrieges der Pariser „Figaro". Saddam Hussein ist aus einer Kultur hervorgegangen, der abendländische Wertvorstellungen ebenso fremd sind wie die humanitären Werte des Islam und der die sanftere, pharaonische Gewalt, mit der das alte Kulturvolk der Ägypter seit Jahrtausenden regiert wird, als Verweichlichung erscheint: die Milde zum Beispiel, die der ägyptische Revolutionär Gamal Abdel Nasser gegenüber dem von ihm 1952 abgesetzten König Faruk walten ließ, als er diesen nicht liquidierte, sondern ins Exil schickte, wäre im Irak undenkbar. Der irakische Putschist, der Brigadier Kassem berief sich, zumindest was eine Methoden betraf, zu Unrecht auf Nasser, als er 1958 den Haschemiten-König Feisal II. niederschießen ließ. Gelassene Langmut, wie sie Ägypten gegenüber widerspenstigen Anrainern zeigt, ist irakischen Führern fremd. Schon Kassem versuchte im Jahre 1961, Kuwait zu erobern. „Weder Nasser noch Anwar el-Sadat, noch Hosni Mubarak haben gegen aufsässige arabische Brüder – etwa gegen Libyen oder gegen den wegen des Nilwassers für Ägypten fundamental wichtigen Sudan – auch nur eine einzige Kriegsdrohung ausgesprochen", sagte ein Intellektueller in Kairo während der Kuwaitkrise. Ein ägyptischer Präsident regiert zwar noch heute als Pharao, nicht aber als gewalttätiger Despot.

Die irakischen Führer indessen – Abdel Salam Aref, Ahmed Hassan al-Bakr, der Vorgänger Saddam Husseins – und Saddam Hussein selbst werden in eine Atmosphäre traditioneller Gewalt ebenso hineingeboren wie in das „Erwachen des 20. Jahrhunderts" mit seinen Rufen nach Erneuerung, Sozialismus, Säkularismus und Nationalismus, welche auch die arabische Welt erreicht hatten. Doch all diese Begriffe bezeichnen Konzepte, die der orientalischen Welt nicht entsprechen können. In diese Welt der ungeminderten Despotie, des verspäteten Nationalismus, des mißverstandenen Sozialismus, der vormodernen Clangesellschaft, in der Fehden immer noch mit dem Gewehr ausgetragen werden, und eines Islam, der sich seit des Propheten Zeiten kaum entwickelt hat, wurde 1937 Saddam Hussein geboren. Al-Takriti heißt er, und das sagt aus, woher er kommt, aus dem kleinen Ort Takrit 120 Kilometer nördlich von Bagdad.

Ein Leben in Gewalt

Sein Vater starb früh, Saddam Hussein fand Aufnahme in der Familie eines Onkels, Khairallah Tulfah. Der mußte 1941 wegen Beteiligung an einem Staatsstreich gegen den Haschemitenkönig Feisal II. für einige Jahre ins Gefängnis. Zwischen 1936 und 1941 verzeichnete die Geschichte des Irak sechs Umsturzversuche. Der junge Saddam wuchs in aufrührerische Zeiten hinein; man gab ihm täglich auf den Schulweg, den er erst mit neun Jahren begann, eine Pistole mit. Mit 21 Jahren beging Saddam Hussein den ersten Mord: er tötete seinen Onkel Saadi al-Takriti. Kein Wunder, daß er von der Baath-Partei im Alter von 22 Jahren auserwählt wurde, ein Attentat auf den Diktator Abdel Karim Kassem zu verüben. Der führte diese Schlagworte zwar auch im Mund, hatte aber den Fehler, daß er nicht zu den Takritis und nicht zur Baath gehörte, mithin Mitglied einer feindlichen Sippe war.

Das Attentat auf Kassem scheiterte, Saddam mußte fliehen. In diesen Jahren bat er seinen Onkel um die Hand einer Cousine, Sajida. Diese Verbindung war wohl schon in früher Jugend arran-

giert worden, wie manche Biographien Saddams meinen. Auch
das entsprach den Regeln des Clans. Man heiratete tunlichst nicht
außerhalb der eigenen Großfamilie. Den nächsten Putschversuch
unternahm die Baath im Jahre 1963. Kassem fand den Tod, dann
folgte eine neunmonatige Abrechnung mit Kassem-Anhängern
und Kommunisten, während der Tausende von Menschen starben. Die Baath wurde von einer nasseristisch-linken Koalition
von der Macht vertrieben. Erst 1968 gelang ihr die Rückkehr. An
der Spitze stand Ahmed Hassan al-Bakr al-Takriti, zweiter und
stärkster Mann des Regimes war Saddam Hussein al-Takriti. 1979
stellt er Hassan al-Bakr unter Hausarrest und schwang sich selber
zum Alleinherrscher auf.

Die Takritis an der Macht

Saddam Hussein war erst 42 Jahre alt. An der Macht konnte er
sich wie jeder andere irakische Herrscher nur halten, indem er
einen möglichst perfekten Überwachungsstaat aufbaute und sich
selber so abschirmte, daß die regelmäßigen Attentatsversuche
scheiterten: ein Vorkoster sichert den Herrscher gegen vergiftetes
Essen; um Mördern ihre Aufgabe zu erschweren, werden Doppel-
gänger aufgeboten; neue Füllfederhalter werden auf Giftspuren
untersucht. Mindestens vier Geheimdienste, die sich auch untereinander kontrollieren, sichern das Regime nach innen und außen ab. Sie unterstehen direkt Saddam Hussein. Von der alten
Baathgarde werden, schreibt Samir al-Khalil in seinem Buch „Die
Republik der Furcht", von 1968 bis 1982 etwa 35 Mann liquidiert,
ins Gefängnis geworfen, gefoltert oder entlassen. Unmittelbar
nach dem Machtantritt läßt Saddam Hussein eine Reihe früherer
Gefolgsleute erschießen.

Freilich nicht nur Saddam Hussein al-Takriti kam an die
Macht. Mit ihm und durch ihn versucht die Sippe der al-Takriti,
den Irak in ihren Privatbesitz zu überführen, so wie es die Regeln
der orientalischen Clangesellschaft vorschreiben. Wie aus Arabien *Saudi*-Arabien wurde, so sollte aus dem Irak, wenn auch weniger auffällig, ein *Takriti*-Irak werden. Offiziell wird das Land
von einem 15 Mann starken „Revolutionären Kommandorat" re-

giert. An dessen Spitze steht Saddam Hussein. Doch daneben existiert ein „Spezialbüro", welches einem das Land beherrschenden Familienrat gleicht. Mitglieder sind neben Saddam Hussein dessen Cousin und Schwiegersohn Hussein Kamal al-Madschid als Industrieminister, Halbbruder Ibrahim Sibawi als Chef des Parteigeheimdienstes, Cousin Hassan al-Madschid, Halbbruder Wadbane Ibrahim als Chef des militärischen Geheimdienstes, Cousin und zweiter Schwiegersohn Saddam Kamal al-Madschid als Kommandeur der Leibgarde des Präsidenten sowie Saddams zwei Söhne Ouday und Ousay. Sie alle kommen aus den Familien des Vaters, der Mutter und der Cousins des Präsidenten.

Das Regime – ein Stabilitätsfaktor?

Dem Westen, der orientalisches Verhalten trotz seiner vielen Experten bis heute als fremd empfindet, war Saddam Hussein keineswegs geheuer. Aber man unterdrückte stets die Befürchtungen und rang sich zu der Charakterisierung durch, der irakische Alleinherrscher sei ein Mann, den man letztlich in den Griff bekommen werde. War er nicht – wenn auch unter Anwendung verpönter Methoden – Garant für „Stabilität" im Irak? Nichts ist den westlichen Staatskanzleien verhaßter als ein Chaos, wie es jahrelang herrschte, nachdem König Feisal II. 1958 ermordet worden war. Also war es besser, auf Saddam Hussein „zu setzen" als ihn zu verärgern. „Appeasement", Beschwichtigung, hat man solche Politik früher genannt. Nach dem zweiten Golfkrieg wollen viele Politiker an ihre frühere Haltung nicht mehr gerne erinnert werden – besonders nicht, nachdem sie den geschlagenen Saddam Hussein nicht daran hinderten, die Aufstände jener Schiiten und Kurden niederzuschlagen, von denen sie den Sturz des Diktators erhofft hatten.

Die Geschichte der Kurden ist eine Geschichte selbst verursach-
ter, vor allem aber von außen zugefügter Tragödien. Eine der letzten Katastrophen, welche über die Kurden hereinbrach, begann
mit der Niederlage Saddam Husseins im zweiten Golfkrieg. Präsident George Bush hatte seinem Oberkommandierenden, General
Norman Schwarzkopf, die Erlaubnis verweigert, Saddam Husseins
flüchtende Truppen bis Bagdad zu verfolgen und dort möglicherweise zu versuchen, den irakischen Diktator zu stürzen. Tatsächlich waren die Alliierten durch die UNO lediglich legitimiert
worden, die irakischen Truppen aus Kuwait zu vertreiben. George
Bush wollte nichtsdestoweniger den Sturz Saddam Husseins. Deshalb forderte er „das irakische Volk" zum Aufstand gegen Saddam
auf. Unkoordiniert voneinander erhoben sich so unterschiedliche
Gruppen wie die Schiiten im Süden und die Kurden im Norden
gegen die Zentralregierung in Bagdad. Saddam Husseins Resttrup-
pen konnten erst den Krieg im Süden für sich entscheiden, dann
den Aufstand im Norden niederwerfen. Sie hatten auch deshalb
Erfolg, weil die Alliierten, die die absolute Luftherrschaft im Irak
ausübten, den Einsatz irakischer Hubschrauber gegen die Auf-
ständischen nicht unterbanden. Hunderttausende von Kurden
flohen in die Türkei, Tausende fanden den Tod. Die Schiiten im
Süden ereilte ein ähnliches Schicksal. Das Regime in Bagdad überlebte.

Die Kurden sind ein west-iranisches Volk, das in einem fast geschlossenen Siedlungsgebiet lebt. Dieses zieht sich vom Iran über
den Irak und die Türkei bis nach Syrien. Etwa fünf Millionen Kurden leben im Iran, dreieinhalb bis vier Millionen im Nord-Irak,
etwa zehn Millionen in der Ost-Türkei, 250 000 bis 300 000 in Syrien. Im Libanon leben etwa 100 000, in Armenien (dem Gebiet
der ehemaligen Sowjet-Republik), Georgien und Aserbeidschan
wohnen zusammen etwa 300 000 Kurden. Nach den Ägyptern,
Türken und Iranern sind sie zahlenmäßig das viertstärkste Volk
im Nahen Osten. Die meisten von ihnen sind Sunni-Moslems,
eine Minderheit im Iran bekennt sich zur schiitischen Glaubensrichtung. Der bis auf den heutigen Tag berühmteste Kurde ist Sa-

lah ad-Din, im Abendland unter dem Namen Saladin bekannt, der 1187 die Kreuzfahrer aus Jerusalem vertrieb. Die kurdische Gesellschaft ist seit jeher nach Stämmen organisiert, mehrere hundert (einschließlich aller Untergliederungen) hat man gezählt. Krieg und Fehde zwischen den Stämmen ist ein Wesensmerkmal kurdischer Geschichte. Ein eigenes Reich haben die Kurden nie gegründet. Zur Zeit der Persischen und Osmanischen Imperien lebten sie unter der Herrschaft Teherans bzw. Istanbuls. Als das in Istanbul herrschende Regime der Jungtürken im Verlaufe des ersten Weltkrieges Hunderttausende von Armeniern aus ihren angestammten Wohnplätzen in der Osttürkei vertrieb (weil diese phasenweise mit dem zaristischen Rußland gegen das Osmanische Reich kollaborierten), nahmen auch Kurden an den Massakern teil.

Erst der Import des nationalstaatlichen Konzeptes aus Europa in die Stammesgesellschaften des Orient konfrontierte die Kurden – und die westlichen Großmächte der Epoche – mit der Frage, ob auch den Kurden ein Staat zustehe. Im Friedensvertrag von Sevres (1920) war ein Staat für die Kurden vorgesehen. Doch nachdem Mustafa Kemal nach Untergang des Osmanischen Reiches die ausländischen Interventionen gegen die türkischen Kernlande in Anatolien zurückgeschlagen hatte, wurde in den endgültigen Friedensvertrag von Lausanne (1923) der Plan zum Aufbau eines kurdischen Staates nicht mehr aufgenommen. Mehrmals zog Mustafa Kemal nach Gründung der türkischen Republik gegen die Kurden im Osten zu Felde. Der Gebrauch der kurdischen Sprache wurde verboten, dem offiziellen Sprachgebrauch der Türkei nach gab es keine Kurden; lediglich „Bergtürken", so lautete die Lesart des neuen Regimes, hausten im wilden Osten des Landes. Erst nach Ende des zweiten Golfkrieges hat sich die Politik der Regierung in Ankara gegenüber den Kurden etwas aufgelockert.

Vereint und unschlagbar?

„Vereint sind die Kurden unschlagbar" hatte Moltke nach einer Reise durch Kurdistan gesagt. Einig waren die Kurden nie. Sie haben sich in ihrer ewigen Zersplitterung auf lokale und regionale

Kleinkriege und Aufstände beschränkt. Die Regierungen in Ankara und Bagdad haben stets mit aller Härte zurückgeschlagen. Bis auf irakisches Gebiet wurden türkische Kurden oft verfolgt. Denn die nach 1918 in der Region entstandenen Nationalstaaten und der Iran sind sich einig: Sie wollen den Kurden keinen eigenen Staat geben. Sonst hätte jede der Regionalmächte einen Teil ihres eigenen Territoriums abzugeben. Ein kurdischer Staat zöge sich durch ein an Bodenschätzen reiches strategisches Schlüsselgebiet. Die ohnehin prekäre Machtbalance der Region wäre neuer Belastung ausgesetzt. Gäbe es freilich so etwas wie ein historisches „Recht auf einen eigenen Staat", so stünde den Kurden ein solcher gewiß zu. Das Volk Israels erkämpfte sich einen Staat auf „historischem Boden", weil es Anfang des 20. Jahrhunderts in Europa eine gute Lobby hatte und weil zumindest phasenweise den Briten daran gelegen war, mit einem jüdischen Staat sozusagen einen Vorposten Europas in den Nahen Osten zu implantieren. Immerhin aber war die Idee einer jüdischen „Heimstatt" in Europa geboren, wo auch die Idee des Nationalstaates ihren Ursprung hatte.

Doch die nationale Idee erreichte auch die Kurden. Einer ihrer prominentesten Vertreter war der legendäre Mustafa Barzani. Er erhob sich immer wieder gegen die Regierung in Bagdad. Zwei seiner Aufstände wurden – 1922 und 1943 – von der britischen Luftwaffe niedergeschlagen. Doch die Position der Briten und die Autorität der von ihnen gestützten Haschemiten-Dynastie in Bagdad wurden schwächer. Als General Kassem im Jahr 1958 Feisal II. ermordete, begrüßten dies die Kurden. Kassem selbst sah in ihnen zunächst eine Stütze seiner Herrschaft, deshalb gewährte er größere Autonomie. Später änderte er seine Haltung, Autonomie für Kurden könnte seine Alleinherrschaft gefährden. Also widerrief er seine Autonomie-Zusage. Die Baath-Partei, die im Irak 1968 die Macht übernahm, handelte nach etwa demselben Schema. 1970 gewährte sie ein Autonomie-Statut, wonach der Vizepräsident ein Kurde sein muß, Kurden in einflußreiche Stellungen aufrücken dürfen, Vertreter der Kurden auch in den das Land regierenden „Revolutionären Kommandorat" aufzunehmen waren. Auch sollte die zu schaffende autonome Region der Kurden ein eigenes Parlament bekommen.

Das Statut trat so nie in Kraft. Die von der Baath-Partei verfolgte Politik der Arabisierung der Kurden wurde fortgesetzt. Kurden wurden aus ihren Wohngebieten deportiert, immer wieder gab es daher Aufstände und blutige Vergeltungsmaßnahmen aus Bagdad. Saddam Hussein wollte keine Autonomie für die Kurden, weil diese seiner despotischen Herrschaftsform diametral entgegenstehen würde. Die Kurden wurden indessen von anderen benutzt, und sie ließen sich benutzen. Der Schah von Persien – ein Rivale des Irak im Kampf um die regionale Vorherrschaft – unterstützte die Kurden in ihrem Aufstand gegen Bagdad, bis es ihm opportun erschien, die Kurden auf dem Verhandlungstisch zu opfern. In Algier vereinbarte der Schah mit Saddam Hussein 1975 – dieser war damals Vizepräsident, aber schon starker Mann des Regimes – einen neuen Grenzverlauf. Danach würde die Grenze zwischen dem Iran und dem Irak am Schatt al-Arab, dem Zusammenfluß von Euphrat und Tigris, nicht wie bisher auf iranischer Seite, sondern in der Mitte des Flusses liegen.

Geteilt und besiegt

Nachdem der Schah diesen Vorteil erreicht hatte, ließ er die irakischen Kurden fallen. Die Rebellion der Kurden wurde von den Irakis nun sofort unterdrückt. Am Ende des ersten Golfkrieges waren die Kurden dennoch wieder auf iranischer Seite zu finden. Wer im Inneren so wenig einig ist wie die Kurden, muß mit wechselnden Verbündeten vorliebnehmen und wird letztlich zum Spielball aller. Nach dem Waffenstillstand vom August 1988 nahm Saddam Hussein grausam Rache an den irakischen Kurden. Hunderte ihrer Dörfer zerstörte er, Tausende von Kurden wurden verschleppt und in den Wüstengebieten zur saudischen Grenze angesiedelt. Der Krieg gegen die Kurden vom September 1988 wurde auch mit chemischen Kampfgasen geführt. Niemand kam damals den Kurden zur Hilfe, die Proteste aus dem Westen waren lau. Eineinhalb Jahre später, im März 1991 erhoben sich die Kurden wieder, diesmal paßte das in den Plan des Westens, besonders Amerikas, das sich nun des Gewaltherrschers in Bagdad entledigen wollte. Doch wieder sah man zu, wie die Kurden zusammengeschossen wurden. Weder die USA noch Großbritannien wollten sich in die politischen Wirren des Irak hineinziehen lassen – auch nicht um der Kurden willen. Lediglich „humanitäre" Hilfe schickten sie. Dennoch erwarten sie von den Kurden, daß diese sozusagen die Aufgabe der Alliierten erfüllen und das Regime Saddam Husseins stürzen.

Die Kurden haben bis heute nicht zu einer einheitlichen Politik gefunden. Sicher, modernem Brauch folgend, haben auch sie „Parteien" gegründet. Jalal Talabani führt die „Patriotische Union Kurdistans" (PKU), Massud Barzani die „Kurdische Demokratische Partei" (KDP). Doch diese Gruppen sind auch Zeichen für die weiter bestehende, aus der Organisation in Stämme hervorgegangenen Zersplitterung. Jalal Talabani verfolgt einen harten Kurs gegen das Regime in Bagdad, Massud Barzani glaubt noch immer, mit einem Mann wie Saddam Hussein könne man Verträge schließen. Die nach 1918 entstandenen neuen Nationalstaaten der Region brachten die Kurden unter verschiedene autoritäre Regime. Aber durch ihre innere Zersplitterung tragen auch die Kurden weiter dazu bei, daß diese Regime sie leicht beherrschen können.

Teilen – aber wie dann herrschen?

Auf welche Weise Großbritannien und Frankreich Syrien, den Libanon, Jordanien und Israel schufen

Nachdem der Osmanische Vielvölkersaat im ersten Weltkrieg zusammengebrochen war, teilten die Alliierten (nominell im Auftrag des neugegründeten Völkerbundes), an ihrer Spitze die Briten, den Nahen Osten in Mandatsgebiete ein: danach wurde Frankreich zuständig für das Gebiet, auf dem heute Syrien und der Libanon liegen, Großbritannien erhielt vom damals gegründeten Völkerbund das „Mandat" über eine Region, die heute durch die Staaten Irak, Jordanien und Israel ausgefüllt wird. Die Aufteilung in Mandate verbrämte der Völkerbund mit den Worten, daß gewisse Gebiete des früheren Osmanischen Reiches ein Entwicklungsstadium erreicht hätten, in dem ihre Existenz als unabhängige Nationen provisorisch anerkannt werden könne – vorausgesetzt, die Länder nähmen so lange „administrativen Rat und administrative Unterstützung durch eine Mandatsmacht an, bis sie in der Lage sind, alleine zu stehen" (Artikel 22 des Völkerbundes). Realistischer drückt Howard M. Sacher die Ziele britischer Politik aus: „Für die Beamten des Kolonial- und des Außenministeriums erschien es klar, daß man ein Gebiet, das so entscheidend für die britischen Interessen war, nicht unwiderruflich einem rückständigen und instabilen Volk überlassen könne. Es gab 25 Millionen in den weiten Gebieten des Nahen Ostens, aber die Briten waren nicht beeindruckt; alles, was sie sahen, waren Horden kranker und armer Analphabeten."

Mandate!

Die Mandatsherrschaft stellte einen klaren Verrat an den Arabern dar. Dem Scherifen Hussein Ibn Ali von Mekka aus dem Hause der Haschemiten – jenen Herrschern, die 1924 von Ibn Saud aus dem Hedschas vertrieben worden waren –, diesem Scherifen Hussein hatten die Briten die Herrschaft über ein arabisches Königreich in Aussicht gestellt – für den Fall, daß er einen Aufstand der Araber gegen die Osmanen organisieren würde. Mit Hilfe des legendären Briten Lawrence von Arabien erhoben sich Araber der Halbinsel. Ihre „Brüder" in Syrien und Palästina zeigten weniger Widerstand gegen die Osmanen.

Aber schon in dem nach den Unterhändlern so genannten Sykes-Picot-Geheimabkommen von 1916 hatten Großbritannien und Frankreich beschlossen, den Nahen Osten in Einflußsphären aufzuteilen, mithin den Arabern nach jahrhundertelanger osmanischer Fremdherrschaft keineswegs die Unabhängigkeit zu gewähren. Ein Jahr später versprach der britische Außenminister Lord Balfour den Juden die Gründung eines eigenen Staates in Palästina. Diese Ereignisse stellten den Beginn der neueren, oft so unheilvollen Geschichte des „Nahen Ostens" dar.

Die Völker der Region – oder zumindest doch jene, die sich für ihre legitimen Repräsentanten hielten – fällten ganz andere Entscheidungen. Im Juli 1919 trat in Damaskus der syrische Nationalkongreß zusammen und erklärte Syrien für unabhängig. Unter

83

Syrien verstanden die Delegierten das historische Bilad ash-Sham, das Land um Damaskus, welches aber neben dem heutigen Syrien auch den Libanon, Palästina (heute Israel und die von ihm besetzten Gebiete) sowie Transjordanien umfaßte („Syrien von der Türkei bis nach Akaba", hieß es auf dem Kongreß). Feisal, Sohn des Scherifen Hussein von Mekka (damals noch im Hedschas residierend) sollte erster König einer konstitutionellen Monarchie werden. Den neuen Staat sollte ein gewisser Föderalismus auszeichnen, für den Libanon war zum Beispiel eine Autonomie vorgesehen. In Bagdad entschied ein ähnlicher Nationalkongreß für die Unabhängigkeit des Irak. Auch der syrische Nationalkongreß forderte Unabhängigkeit für den Irak; ferner setzte er sich dafür ein, daß zwischen Syrien und dem Irak keinerlei wirtschaftliche Barrieren errichtet würden. Im übrigen lehnte der Nationalkongreß jede ausländische „Hilfe" ab, wie sie die Mandatsmächte anboten.

Diese Mandatsmächte hielten sich nicht an die Wünsche der Völker. Sie beschlossen, auf dem Gebiete Syriens die Gründung zweier Staaten unter französischer Aufsicht, Syriens und des Libanons. Palästina, der Irak und Transjordanien kamen unter britische Oberhoheit. Feisal, vom Syrischen Nationalkongreß zum konstitutionellen Monarchen gewählt, wurde von den Franzosen durch General Gouraud aus Damaskus vertrieben. Im Sommer des Jahres erhoben sich die Menschen des Irak gegen die britische Fremdherrschaft. Erst nach mehreren Monaten konnte der Aufstand niedergeworfen werden.

Ein künstliches Gebilde

Um die arabischen Proteste gegen ihre Kolonialpolitik zu dämpfen, setzten die Briten Feisal, den von den Franzosen aus Damaskus vertriebenen König, unter ihrer Oberherrschaft als König des Irak ein, seinen Bruder Abdullah machten sie zum Emir des Landes – vom Westen aus gesehen – jenseits des Jordan, von Transjordanien. Damit wurde dieses Gebiet, wie Maxime Rodinson bemerkt, israelischer Kolonisation entzogen. Die Zionisten waren nämlich der Auffassung, daß auch Transjordanien zum historischen Palästina gehöre. So aber entstand dort das heutige Jordanien. Allerdings handelten die Briten nicht ganz freiwillig. Abdullah war mit einer Beduinenarmee aus Mekka aufgebrochen, um in Syrien gegen die Franzosen zu kämpfen und seinen Bruder zu rächen. Die Briten befürchteten, die Franzosen könnten im Zuge der bevorstehenden Kämpfe gegen Abdullah auch Transjordanien besetzen. Abdullah versprach, Transjordanien in Kooperation mit den Briten zu regieren, sofern sein von den Franzosen aus Damaskus vertriebener Bruder Faisal König des Irak werde.

So wurde Faisal König des Irak. Und so entstand das Emirat Transjordanien, das spätere Jordanien „als ein künstliches Gebilde, resultierend aus einer kuriosen Kombination aus Großmachtrivalitäten, sich widersprechenden Abmachungen, Geheimverträgen und einer Vielzahl persönlicher, familiärer und Stammesloyalitäten" (N. Rejwan, Jordan, The Accidental Country, New York 1970, zitiert nach Ebba Augustin, „Jordanien im Spannungsfeld des Palästinakonfliktes"). „Das transjordanische Emirat und sein ehrgeiziger Führer waren Großbritanniens Reservearmee für die Zukunft", schreibt Ebba Augustin. Sosehr diese koloniale Politik Arabien teilte, so wenig Widerstand wurde ihr aus den Reihen arabischer Herrscher entgegengesetzt. Arabische Pläne, die von den Alliierten geschaffenen Kleinstaaten zu vereinigen – etwa den Libanon, Transjordanien, Palästina mit Syrien zu einem einheitlichen Staat zu machen und diesen mit dem Irak zu verbinden –, stießen auf Widerstand der Monarchen in Saudi-Arabien und Ägypten; diese befürchteten eine Einschränkung ihrer Macht.

Die Franzosen sind da

In Syrien annullierten die Franzosen umgehend die Beschlüsse des syrischen Nationalkongresses. Um ihren eigenen Einfluß zu stärken und die Entstehung einer großsyrischen Reiches zu verhindern, schufen sie den „Grand Liban". Der Libanon bestand bis dahin aus den Berggebieten des Libanon-Gebirges, in das die in der muslimischen Welt verfolgten Minderheiten – Christen etwa und Drusen – im Laufe der Jahrhunderte geflohen waren. Nur gelegentlich hatten die Herrscher des Libanon Teile der dem Libanongebirge vorgelagerten Küstengebiete beherrscht. 1860 hatte – nach einem muslimisch-maronitischen Bürgerkrieg – dieser historische „Mont Liban" auf Druck europäischer Mächte, besonders Frankreichs, einen Sonderstatus im Osmanischen Reich erhalten. Die maronitischen Christen (genannt nach dem im 4. Jahrhundert lebenden Mönch Maron) wurden unter europäischen Schutz gestellt. Im Jahre 1920 erweiterte Frankreich den „Mont-Liban" um die muslimischen Küstengebiete von Tripoli, Beirut und Tyros sowie um die Beeka-Ebene. Der „Grand-Liban", der Libanon in seinen noch heute bestehenden Grenzen, war geschaffen. Er war so geformt, daß die maronitischen Christen gerade noch die Mehrheit im neuen Kunstgebilde besaßen, das die Franzosen sich für ihre Zwecke formten. Doch der muslimische Bevölkerungsteil wuchs im Laufe der Jahre schneller als der maronitische. (1943 wurde der Libanon unabhängig.) Der libanesische Bürgerkrieg der Jahre 1975 bis 1990 war auch eine Folge der französischen Politik.

Mit dem Rest ihres Mandatsgebietes, mit dem heutigen Syrien, verfuhren die Franzosen zunächst nicht anders. Sie teilten es in drei Staaten auf: in die Gebiete um Damaskus, Aleppo und in das Gebiet der Alawiten, einer schiitischen Sekte. Zusätzlich wurden zwei autonome Gebiete geschaffen: das Drusengebiet und der Sandschak von Alexandretta (Iskenderun) mit seiner teilweise türkischen Bevölkerung. Syrien als Nationalstaat, welcher alle diese Gebiete vereinte, bekam erst 1946 seine volle Unabhängigkeit. Die berühmten vierzehn Punkte des amerikanischen Präsidenten Woodrow Wilson, wonach den Völkern nach Beendigung des Weltkrieges Unabhängigkeit zu gewähren sei, wurden im Nahen Osten nicht im entferntesten beachtet. (Punkt 12 sah die autonome Entwicklung der Völker des ehemaligen Osmanischen Reiches vor.) Der Boden für neue Konflikte, die bis auf den heutigen Tag andauern, wurde damals gelegt.

Die erste Katastrophe

Das Jahr 1920 gilt für die Araber heute als Jahr der Katastrophe. In allen ihren Hoffnungen auf nationale Unabhängigkeit waren sie, aus ihrer Sicht, vom Westen betrogen worden. Ein weiteres Katastrophenjahr ist für sie das Jahr 1948, das Jahr der Gründung des Staates Israel auf, wie sie sagen, arabischem Boden. Zum bisher letzten Katastrophenjahr wurde 1967, das Jahr der Niederlage im sogenannten „Sechs-Tage-Krieg" gegen Israel (Araber distanzieren sich von dieser westlichen Bezeichnung, die ihre schnelle Niederlage dokumentiert.) Arabischem Gechichtsverständnis nach haben alle Katastrophenjahre eine Ursache: die westliche Kolonialpolitik. Sie sehen den Libanon und auch Israel als westliche Staatsschöpfungen, als westliche „Implantate" in die arabische Kultur – als die ersten massiven Eingriffe des Abendlandes in den Orient seit den Kreuzzügen.

Nur aus diesem Geschichtsverständnis ist zum Beispiel die langfristige Politik eines Mannes wie Hafis el-Assads zu erklären. Er sieht noch heute die Einheit des „Bilad ash-Sham" (Land der Sonne) – des Landes von Damaskus, wie Syrien auch genannt wird. Für Assad umfaßt es auch heute noch das gesamte von ihm so gesehene historische Groß-Syrien: Syrien, wie es der Nationalkongreß von Damaskus 1920 schaffen wollte – mit dem Libanon, Palästina (Israel) und Transjordanien. Nur so ist Assads Politik gegenüber Israel zu erklären. „Assad", so schrieb einst die Jerusalem Post, „denkt ständig an den Triumph Saladins, er erzählt ausländischen Besuchern, daß der ‚zionistische Staat' dem Staat der Kreuzfahrer vergleichbar sei, der 132 Jahre dauerte. Und Assad läßt keinen Zweifel daran, daß er Israel dasselbe Schicksal zu bereiten wünscht." Tatsächlich empfindet Assad als syrischer Präsident wie kein anderer arabischer Politiker die Willkürlichkeit der Grenzziehung nach dem ersten Weltkrieg. „Grenzen" nämlich gab es in der vom osmanischen Vielvölkerstaat beherrschten arabischen Welt nicht. Jeder konnte frei reisen – von Damaskus nach Bagdad und von Jesusalem nach Mekka.

Assad im Libanon

Unter diesem Aspekt muß man auch Assads Politik im Libanon sehen. Die beiden Staaten, deren Hauptstädte nur etwa 130 Kilometer voneinander entfernt liegen, haben niemals diplomatische Beziehungen unterhalten. Man traf sich lieber in Damaskus oder

Beirut. Eigentlicher Grund war aber die syrische Auffassung, daß man mit einem Land, das in Damaskus eigentlich als Teil des eigenen Gebietes betrachtet wurde, keine diplomatischen Beziehungen aufzunehmen habe. Hafis el-Assad wartete jahrelang auf seine Chance, den Libanon unter seine Kuratel zu stellen. Jahrelang, so schien es, hatte sich Assad offenbar hoffnungslos in den Wirren des Bürgerkriegs, in den Kämpfen, die die großen Familien um die Vorherrschaft führten, verfangen. Schließlich ging er als vorläufiger Sieger aus 16 Jahren des Kampfes hervor. Der Libanon steht heute unter syrischer Oberhoheit. Die Tatsache, daß sich Assad im zweiten Golfkrieg auf die Seite der Amerikaner gegen seinen Erzrivalen Saddam Hussein stellte, bot ihm im Herbst 1990 die Chance, im Libanon gegen den rebellierenden maronitischen General Michel Aoun loszuschlagen. In seinem Einflußgebiet sieht Assad auch Palästina bzw. Israel liegen – oder doch zumindest jene Gebiete, die von Israel besetzt sind. Einen Palästinenserstaat würde er kaum akzeptieren: Denn dieser wäre nicht nur eine neue Konkurrenz, sondern läge auch auf dem Bilad ash-Sham, auf dem Gebiet Groß-Syriens.

Syrien – arabischer Frontstaat

Aus einem Selbstverständnis heraus ist Syrien und seinem gegenwärtigen Herrscher die Rolle des arabischen Frontstaates gegen Israel geradezu auf den Leib geschrieben. Syrien versteht sich, wie Arnold Hottinger schreibt, als das Herz modernen Arabertums und sucht damit auch ein politisches Gegengewicht zu schaffen zu den Staaten auf der Halbinsel, die sich als Wiege des Arabertums und des Islams sehen. Doch man würde der Rolle Syriens nicht gerecht, beschriebe man nur seine gegenwärtige Position in der arabischen Welt. Damaskus ist seit jeher ein zivilisatorisches und kulturelles Zentrum jenes relativ wasserreichen Gebietes, das im allgemeinen Fruchtbarer Halbmond genannt wird. Im Gegensatz zu Bagdad, einem anderen kulturellen Schwerpunkt dieser Region, wurde es von den Mongolen nicht vollständig dem Erdboden gleich gemacht.

Damaskus zählt heute zu den ältesten, kontinuierlich besiedelten Hauptstädten der Welt. Muslimische wie christliche Reisende haben das Hohelied von Damaskus gesungen. „Bei Allah, diejenigen sprachen wahr, die sagten, wenn es das Paradies auf Erden gibt, dann ist es ohne Zweifel Damaskus; und wenn dieses Paradies im Himmel ist, dann ist Damaskus ohne Zweifel sein irdisches Gegenstück." Mit diesen Worten pries 1184 der andalusische Reisende Ibn Jubayr Damaskus. Paul Wilhelm Keppner, Bischof von Rottenburg, begeisterte sich 1892 auf einem Besuch: „Damaskus, Perle des Morgenlandes, Halsband der Schönheit, Blume des Paradieses, Auge der Wüste, Gefilde der himmlischen Pfauen, Muttermal auf der Wange der Welt, Rose mit eisernen Dornen, Auge des Orients."

Damaskus ist Zentrum des historischen Bilad ash-Sham, des Landes von Damaskus. Die Stadt liegt in einem Gebiet, welches man auch „Oase von Damaskus" nennt. Sie wird vom Fluß Barada gespeist, der aus dem Anti-Libanon Gebirge kommt und sich in dieser Oase verliert. Für fast jede Epoche seiner etwa 4000jährigen Geschichte kann Damaskus architektonische Zeugen vorweisen. Unter muslimischer Herrschaft bekam das antike, später christliche Damaskus ein orientalisches Straßennetz. So entstand sein berühmtes Basarviertel. Dieses wurde, wie in anderen muslimischen Städten, zum wirtschaftlichen und gesellschaftlichen Zentrum der muslimischen Lebensgemeinschaft. Ein Gefüge aus Handwerk, Groß- und Kleinhandel, Manufaktur, Kreditwesen ist noch heute sein Charakteristikum. Diese Gemeinschaft hatte auch Platz für Andersgläubige, für Juden und Christen. Als „Dhimmi", als in untergeordneter Stellung lebende Schutzbefohlene, hatten sie über Jahrhunderte Existenzrecht im Islam, sofern sie gegen die herrschende Religion nicht aufbegehrten. Der „Khan", die Übernachtungsstätte für den Reisenden, das „Hammam", das orientalische (Dampf)-Bad, und das berühmte Damaszener Bürgerhaus wurden zu zivilisatorischen und kulturellen Wahrzeichen orientalisch-muslimischen Lebens.

Mittelpunkt dieses Kosmos war die Moschee der Omaijaden, je-

ner Herrscher, die in Damaskus das Zentrum des neuen islamischen Weltreiches gründeten, bevor Bagdad 750 zur neuen
Hauptstadt unter dem Herrscherhaus der Abbassiden wurde. Die
Moschee der Omaijaden, eine ehemalige christliche Basilika, be-
herbergt noch heute nicht nur das Haupt Johannes des Täufers,
sondern auch Reliquien des schiitischen Märtyrers Ali. Dieser Ort
universaler Frömmigkeit ist einmalig in der arabischen Welt. Die
Legende legt zudem Abrahams Geburtsstätte und den Mord Kains
an seinem Bruder Abel an den Damaskus überragenden Qassyun-
Berg. In Damaskus wurde – auf der heute noch existierenden
„Langen Straße" – aus Saulus der biblische Paulus. Dem Islam gilt
Damaskus als heilige Stadt – nach Mekka, Medina und Jerusalem.
Das Grab Salah ad-Dins, des berühmten Saladins, der 1187 die
Kreuzfahrer schlug, liegt in Damaskus. Alljährlich, im Pilgermonat Du al-Hadsch, nahm die große Pilgerkarawane nach Mekka
ihren Anfang in Damaskus. Der 1903 gebaute Hedschasbahnhof
in Damaskus war Ausgangspunkt einer Bahnlinie, die einst Pilger
per Eisenbahn nach Mekka bringen sollte.

Auch der Versuch einer abendländischen Reconquista fand in
Damaskus einen Höhepunkt. Im Jahre 1860 intervenierten europäische Mächte in den muslimisch-christlichen Bürgerkrieg, der
im Libanon und in Damaskus tobte. Auf Druck des Westens bekam der „Mont Liban" einen Sonderstatus im Osmanischen
Reich, die Christen wurden besonders geschützt. Doch es war
nicht ausschließlich ein Glaubenskrieg, der im Libanon und in
Damaskus wütete. In Wirklichkeit lagen die Dinge komplizierter.
Die „Franken", so bezeichneten Araber die Kreuzfahrer seit jeher,
seien wieder da, hieß es unter Muslimen. Diesmal kamen die
Franken nicht nur mit dem Schwert. Es war vielmehr die Dynamik der industriellen und der damit verbundenen politischen Revolution Europas, die nach dem alten Orient griff.

Konkret ging es um die Krise der Seidenindustrie im französischen Lyon, um die daraus entstehende stärkere Förderung der
Seidenproduktion im „Mont Liban", in deren Verlauf Ausländer,
meistens Franzosen, moderne Fabrikationsmaschinen in den Libanon brachten. Der Import von europäischem Kapital gab dem
Bankensystem Beiruts (Beirut gehörte damals nicht zur Region

des „Mont Liban") Auftrieb; viele drusische Landbesitzer fühlten sich durch die neue Geldwirtschaft gegenüber den Maroniten benachteiligt. Eine Ursache für den maronitisch-drusischen Krieg lag in diesen wirtschaftlichen Entwicklungen. Viele von den Europäern gebaute Anlagen der Seidenproduktion wurden in den Auseinandersetzungen zerstört, nach der europäischen Intervention aber bald wieder aufgebaut. In Syrien, schreibt Roger Owen, sei die Animosität zwischen Muslimen und Christen auch aus der Überzeugung der Muslime erwachsen, ihre christlichen Konkurrenten auf dem Textilmarkt würden durch ihre Kontakte zu den Konsulaten europäischer Mächte in Damaskus mehr Aufträge an sich ziehen als ihnen ohne diese Kontakte zufallen würden. So wurden orientalische Christen zu Geschäftspartnern ihrer europäischen Glaubensbrüder. Die industrielle Produktionsweise und die Kapitalwirtschaft Europas bedrohten die alte orientalische Wirtschaftsform.

Dieser Konflikt dauert bis heute an. Und dieser Konflikt kennzeichnet noch heute alle orientalischen Städte – Aleppo, Alexandria, Beirut, Kairo. Zwei Wirtschafts- und zwei Lebensformen konkurrieren miteinander. Kein Zweifel, welche seit 1860 auf der Verliererstraße ist. Als die Franzosen 1920 in Damaskus einmarschierten, sahen sie dieses Ereignis durchaus im Kontext der ewigen abendländisch-orientalischen Rivalität. Am 25. Juli 1920 besuchte General Gouraud in Damaskus das Grab Saladins und sagte: „Meine Gegenwart hier besiegelt den Sieg des Kreuzes über den Halbmond."

Das Regime Hafis al-Assads

Heute werden Damaskus und Syrien – Klein-Syrien aus der Sicht der Machthaber – von der Baath-Partei beherrscht, der Partei der arabischen Wiedergeburt. Wie im Irak hat die Baath auch in Syrien die Ideologie für einen Staat geliefert, der säkular, laizistisch, mithin „modern" sein will. Doch auch in Syrien ist sie Camouflage für die Herrschaft einer Minderheit. Hier ist es nicht ein Familienclan, der über ein ganzes Land gebietet, sondern eine religiöse Gruppe, die der Alawiten, welche über die Mehrheit der

Sunniten und Christen herrscht. Die Alawiten sind eine schiitische Sekte, die am Orontes, in den Bergen, an der syrischen Mittelmeerküste und um Iskenderun und Latakya leben. Sie stellen etwa zehn Prozent der syrischen Bevölkerung, beherrschen die Sunniten, Drusen, Ismaeliten und Christen.

Die Rivalität zwischen den arabischen Nachbarn Syrien und dem Irak läßt sich nach modernen Begriffen als Kampf zweier Nationalstaaten um die Vorherrschaft in der Region deuten. Diese Auseinandersetzung hat indessen ihre Ursache noch in anderen Verhaltensmustern. Es ist auch eine Art Stammesrivalität – in diesem Falle dem „Stamm" der Takritis und dem der Alawis –, es ist die Rivalität der Führer: Hafis el Assad und Saddam Hussein. Was zur verbindenden, einigenden und erneuernden Kraft werden sollte – die Baath, die Partei arabischer Wiedergeburt – degenerierte zum Instrument einer heute archaisch wirkenden Fehde. Folgerichtig gelten die Baath in Syrien und die Baath in Bagdad als „verfeindet".

Feinde hatten die Alawiten auch in Syrien selbst. Als Hafis el-Assad, der Alawit, 1970 an die Macht kam, war sein innerer Hauptgegner die sunnitische Bevölkerungsmehrheit, insbesondere die radikale (sunnitische) Moslembruderschaft der Stadt Hama. Sie sagte dem Minderheitenregime der Alawiten umgehend den Kampf an. Ein nach orientalischer Art grausam geführter Guerillakrieg herrschte in Hama. Assad, seine alawitischen Glaubensgenossen und seine Baath-Partei begnügten sich nicht damit, den Aufstand niederzuschlagen, sie führten, wie der amerikanische Journalist Thomas L. Friedman eindrucksvoll schildert, einen Vernichtungskrieg gegen die Fundamentalisten der Sunniten. Denn sie wußten, daß sie dem Feind auch nicht den kleinsten Vorteil lassen durften, wollten sie selbst überleben.

Thomas Friedman sieht im Massaker von Hama (in welchem 1982 etwa 20000 Menschen umkamen), zu Recht, keinen Glaubenskrieg, sondern eine Stammesfehde nach Beduinenart: In der Wüste sei es nicht üblich gewesen, sich die Hälfte seiner Wasservorräte stehlen zu lassen und darüber großzügig hinwegzugehen; wer in der Welt der einsamen Wölfe als Schaf auftrete, dem werde das Überleben schwer fallen, schreibt Friedman: „Ihm (Assad) war von vornherein klar, daß es sich bei der Auseinandersetzung um Hama im Grunde genommen um einen Stammeskonflikt zwischen seiner Alawitensekte und der sunnitischen Moslembruderschaft handelte. Er wußte genau: sobald die Moslembruderschaft auch nur in einem einzigen Stadtviertel von Hama die Oberhand behielt, würde Alawitenblut fließen. ... Aus diesem Grund beschränkte sich Assad nicht darauf, den Aufruhr niederzuschlagen ... sondern er nahm Rache und kostete sie aus. Und mit dem Waffenarsenal des zwanzigsten Jahrhunderts nahm sein Rachefeldzug so fürchterliche Formen an, daß jeder Syrer bis ins Mark erschüttert wurde."

Seit der Tragödie von Hama herrscht Grabesruhe in Syrien. Die Überwachung der Bevölkerung funktioniert perfekt. Agenten des Muhabarat, des Geheimdienstes, überwachen die Freitagspredigten in den Moscheen. Im Suq, wo noch heute Muslime, Christen und Juden friedlich zusammenleben, werden Christen gekauft, um Schiiten zu überwachen, Sunniten werden angeheuert, um ein Auge auf die Christen zu werfen. Die Basaris dürfen oft nur dann Devisengeschäfte machen, wenn sie dem Muhabarat zuarbeiten. Assad und sein Regime sitzen fest im Sattel, sie haben dem Land „Stabilität" gebracht – ein Lieblingsausdruck von Diplomaten, welche die Interessen ihrer Regierungen eher unter „stabilen" Verhältnissen ihrer Gastländer gewahrt sehen – unabhängig davon, wie diese Stabilität erreicht worden ist. Mit einem Mann wie Assad, der sein Volk fest im Griff hat, konnte der Westen im Golfkrieg politisch blendend ins Geschäft kommen: die Meinung der Bevölkerung, die eher mit dem Irak sympathisierte, brauchte auf diese Weise nicht in Rechnung gestellt zu werden.

Hafis al-Assad ist ein gewiefterer, vorsichtigerer, klügerer und gerissenerer Herrscher als der grobe Schlächter Saddam Hussein. Nicht umsonst ist Syrien ein Teil der Levante, in dem geschicktes Schachern oft eher zum Ziel führt (freilich nicht immer, wie Hama zeigt) als blinde Gewalt. Von den 50 reichsten Familien sind die meisten sunnitische Muslime. Sie haben es ausgezeichnet verstanden, sich mit den Alawiten in Militär und Verwaltung zu arrangieren. Das Bündnis gedeiht zu gegenseitigem Vorteil. Ein

„kaufmännisch-militärischer Komplex" habe Syrien schon immer beherrscht, sagen manche Kenner des Landes.

Der Libanon – Schlachtfeld Arabiens

Es war fast auf den Tag genau fünfzehneinhalb Jahre nach Ausbruch des libanesischen Bürgerkrieges am 13. April 1975, daß Hafis el-Assad im Oktober 1990 syrische Flugzeuge über den Präsidentenpalast von Baabda in Ost-Beirut schickte und den maronitischen Rebellengeneral Michel Aoun vertrieb. Damit hatte der syrische Präsident das letzte Hindernis hinweggeräumt, das sich seiner Vorherrschaft im Libanon entgegenstellte. Seitdem, so kann man mit aller Vorsicht behaupten, ist der libanesische Bürgerkrieg, vorerst wenigstens, zu Ende. Dieser Krieg hatte mit einem Überfall bewaffneter Maroniten auf einen mit Palästinensern besetzten Bus begonnen, bei dem 27 Palästinenser getötet worden waren. Die Ausschaltung Aouns durch die Syrer fünfzehneinhalb Jahre später war keine Vergeltung für diesen Anschlag, sie galt ebensowenig wie die syrischen Angriffe auf General Aoun zuvor den Maroniten als Glaubensgruppe, wie in Zeitungskommentaren gelegentlich vermutet worden war. Hafis el-Assad strebte nach Vorherrschaft im Libanon, den er als einen Teil Groß-Syriens betrachtet.

Nihilismus als Politik

Im Laufe dieses Krieges hat Assad alle bekämpft, welche sich ihm im Libanon in den Weg stellten: Christen, Drusen, radikale Schiiten und, vor allem Palästinenser. Assad hat aber auch alle unterstützt, die dem syrischen Vormachtstreben nicht in den Weg traten. Und das waren oft jene, gegen die er zuvor Krieg geführt hatte oder gegen die er im Verlauf des Krieges noch kämpfen würde: Der schnelle Wechsel der politischen, mithin auch der militärischen Fronten ist ein Wesensmerkmal nah-östlicher Politik. „Politik war in Nihilismus und Gewalt degeneriert", schreibt Fouad Ajami, „und es machte keinen Sinn, herauszufinden wem man trauen und was man glauben sollte." Ajami zitiert den 1980 vermutlich von Syrern ermordeten libanesischen Journalisten Salim al-Lawsi, der Arabien resignierend so charakterisierte: „Freiheit ist eine fremde Pflanze in unserem Teil der Welt. Wann immer sie gepflanzt wird, stirbt sie. ... Wir pflegen die Kolonialisten zu rügen. Dann kolonisierten einige von uns andere, und die Pflanze der Freiheit starb immer wieder."

Im libanesischen Krieg hat, je nach eigener Interessenlage, phasenweise jeder gegen jeden gekämpft: die Schiiten der iranischen Hizbollah-Partei gegen die Schiiten, die zu Syrien hielten; Palästinenser und Drusen gegen Syrer; Drusen und gemäßigte Schiiten gegen Maroniten; Drusen gegen gemäßigte Schiiten; Maroniten gegen Sunniten; und schließlich auch verschiedene Fraktionen der Maroniten gegeneinander. Palästinenser kämpften in den als „Lagerkriegen" bekannt gewordenen Auseinandersetzungen gegen gemäßigte Schiiten, welche die bewaffneten palästinensischen Guerillas aus den palästinensischen Flüchtlingslagern vertreiben wollten. Palästinenser kämpften im Süden gegen die radikalen Schiiten der Hizbollah. Palästinenser kämpften gegen Maroniten. Und schließlich kämpften auch verschiedene Fraktionen der Palästinenser gegeneinander.

Fünfzehneinhalb Jahre ist der Libanon das Schlachtfeld der arabischen Welt und eine Kampfstätte des israelisch-arabischen Konfliktes gewesen. Als nämlich die Angriffe der von König Hussein aus Jordanien in den Libanon vertriebenen Palästinenser (siehe den Beitrag über Jordanien S. 84) auf Israel zu heftig wurden, rückten die Israelis im Jahre 1982 bis nach Beirut vor und vertrieben die PLO aus dem Libanon. Seitdem residiert die PLO in Tunis. Die Palästinenser, die durch ihr Auftreten diesen Krieg mit verschuldeten, haben unter ihm selbst furchtbar gelitten. Sie wurden von den Maroniten aus ihrem Flüchtlingslager Tel al-Zaatar vertrieben, in den Lagern Sabrah und Schatillah wurden viele Palästinenser von Maroniten massakriert.

Der Libanonkrieg zeigt auch die Verwobenheit der mittelöstlichen Konflikte miteinander. In Jordanien und im Libanon brachten die Palästinenser einen Staat an den Rande seiner Existenz. Von beiden Staaten aus kämpften sie gegen Israel, beide Staaten litten unter der israelischen Vergeltung. Vom Libanon aus forderten die bewaffneten Palästinenser die Syrer heraus. Arafat war lange Zeit persona non grata in Damaskus. (Jetzt darf Arafat wieder nach Damaskus, weil derzeit Interessengleichheit zwischen Arafat und Assad besteht: beide wollen verhindern, daß sich im Westjordanland eine selbständige palästinensische Führung bildet, die auf eigene Faust Politik machen könnte.) Der Libanonkonflikt zeigte vor allem eines: Kein arabischer Staat war bereit, den Anspruch der PLO auf einen eigenen Staat im Westjordanland zu unterstützen. Jeder hätte einen solchen neuen Staat als Konkurrenz für sich selbst empfunden. Insofern waren und sind sich die Hauptgegner im arabisch-israelischen Konflikt (Syrien und Israel) einig. Die syrisch-israelische Grenze ist seit Jahren ruhig. Beide Seiten haben sich ihre Einflußzonen im Libanon abgesteckt.

In den Libanon wollte der Iran seine schiitische Revolution exportieren. Die von ihm inspirierte „Partei Gottes" (Hizb-Allah, im allgemeinen als Hisbollah bekannt) agiert als verlängerter Arm Teherans auf libanesischem Boden. Mit den Geiselnahmen versuchten die Hisbollah und der Iran, den Westen in großem Maße zu erpressen. Syrien dagegen wollte sich durch Hilfe bei der Befreiung von Geiseln dem Westen als Staat präsentieren, der keineswegs, wie etwa die USA sagen, Terrorismus fördert, sondern Terrorismus bekämpft. Syrien, welches die radikalen Muslimbrüder in Hama niedergemetzelt hatte, bekämpfte daher jeden iranischen Revolutionsexport. Auf dem Boden des Libanon mußte sich Hafis el-Assad dem Iran entgegenstellen, mit dem es seit dem ersten Golfkrieg im Kampf gegen Saddam Hussein verbündet ist. Und als die Syrer zu stark wurden im Libanon, versuchte ihnen ihr Erzfeind, Saddam Hussein, im Libanon ein Bein zu stellen: Vor seinem Überfall auf Kuwait versorgte Saddam Hussein den christlichen Rebellen General Aoun mit Waffen. Erst nachdem sich Saddam Hussein in Kuwait verfangen hatte, ließ er Aoun fallen. Das war der Augenblick, in dem Syrien im Libanon seinen Sieg feierte.

Mit dem Krieg ist ein Staat ruiniert worden, der zwar erst im Jahre 1943 seine Unabhängigkeit von Frankreich erhalten hatte, der aber praktisch schon 1920 ins Leben gerufen worden war. Auf Bitten der Maroniten hatte Frankreich einen „unabhängigen" – vom mehrheitlich sunnitischen Syrien unabhängigen – Libanon geschaffen, und zwar in jenen „historischen" und „seinen wirtschaftlichen Bedürfnissen gerecht werdenden Grenzen", welche der maronitische Patriarch 1919 gefordert hatte. Damit war eine Entwicklung an ihrem Schlußpunkt gekommen, die mit dem „Règlement organique" von 1861/1864 begonnen hatte. In diesem besonders für die Christen zugeschnittenen Statut hatte der osmanische Sultan den Franzosen zugesagt, den Libanon – das war, wie wir gesehen haben, damals nur die Bergregion des Libanon ohne die Küstengebiete und ohne die Beeka-Ebene – zu einer selbständigen Provinz unter einem christlichen Gouverneur zu machen. Der Libanon war also nicht mehr dem in Damaskus oder Sidon residierenden Pascha unterstellt.

In dem 1920 durch die französische Mandatsmacht vom „Mont Liban" zum „Grand Liban" erweiterte Libanon hatten die christlichen Bekenntnisse insgesamt die Bevölkerungsmehrheit. Die zweitstärkste Gruppe stellten die Sunniten, deren weltoffene Handelsbourgeoisie den Libanon wesentlich prägte. Zahlenmäßig an dritter Stelle standen die Schiiten. Die Proportionen haben sich heute verkehrt.

Zentrum der Levante

Dieser Staat war in den sechziger und siebziger Jahren der einzig wirklich weltoffene, kosmopolitische und wirtschaftlich erfolgreiche Staat der arabischen Welt, Beirut, sein Zentrum, löste andere mediterrane Küstenstädte in ihrer wirtschaftlichen und kulturellen Rolle ab. (Nachdem zum Beispiel Gamal Abdel Nasser im Verfolg seiner pan-arabischen Idee Minderheiten wie Griechen und Juden zum Verlassen Ägyptens bewegt hatte, verlor eine Stadt wie das berühmte Alexandria ihren internationalen Glanz.) Es herrschte eine Art Demokratie im Libanon, deren Grundkoordinaten aber im Jahre 1943 durch den sogenannten libanesischen Nationalpakt festgelegt worden waren. Festgeschrieben war die Vorherrschaft der Maroniten. Sie stellten den mit großen Vollmachten ausgestatteten Staatspräsidenten, den Oberkommandierenden der Armee und besetzten andere leitende Positionen im Staat. Den Sunniten blieb der Posten des Ministerpräsidenten, den Schiiten der des Parlamentspräsidenten. Der Posten des Staatsoberhauptes wanderte vom mächtigen maronitischen Familien-Clan der Chamouns zum Patriarchen der Frangiehs, Suleiman Frangieh, und von dort erst zu Baschir Gemayel, der kurz nach seiner Wahl 1982 ermordet wurde, und danach zu Amin Gemayel, der bis 1988 regierte. 1990 war als einigermaßen ambitionierter und geeigneter christlicher Politiker aus den alten Familien nur noch Dany Chamoun übrig. Er wurde ein paar Tage nach der Vertreibung Michel Aouns ermordet. Über die Täter gibt es wie immer nur Vermutungen. Vielleicht haben die Syrer mit Dany Chamoun das letzte Hindernis beiseite geräumt, das sie im Libanon sahen. Sie hatten 1978 schließlich auch den Drusenfürsten Kamal Jumblat ermorden lassen, der sich ihrer Vorherrschaft in den Weg stellte.

Politischer Mord wie auch Fememord gehörte im Libanon der Familien-Clans zum politischen Alltag. Suleiman Frangieh hatte sich den Weg zur Herrschaft über seine Sippe in der Jugend im wahrsten Sinne des Wortes frei geschossen. Und als den Gemayels die Frangiehs zu mächtig wurden, schickten sie einen Killer, Samir Geagea – im Krieg später als Kommandant der maronitischen „Forces Libanaises" bekannt geworden –, welcher Tony Frangieh, seine Frau und ein paar Anwesende über den Haufen schoß. Libanesische Politik hatte, aus europäischem Blickwinkel betrachtet, auch noch in jüngster Zeit oft einen archaischen Charakter, weil sie auch ein Machtkampf zwischen großen Familienverbänden war.

Dennoch war der Libanon im Kontext der arabischen Welt lange ein „demokratischer" Staat und eine „offene" Gesellschaft.

Der vorläufige Sieg der Syrer hat Waffenruhe gebracht, aber noch keinen gesicherten Frieden. Von seiner einstigen Blüte ist das Land noch weit entfernt. Vorerst einmal ist der Libanon „arabischer" geworden, und das ist hier gleichbedeutend mit einem deutlichen Abstieg. Die syrische Vorherrschaft verspricht nicht unbedingt eine Wiedergeburt des alten Libanon.

Kunstprodukt Jordanien

Oft gibt schon die Reiseroute, auf der man sich einem Staat nähert, Aufschluß über kulturgeschichtliche Zusammenhänge und über das politische Gitternetz, in dem dieses Land gefangen ist. Um Jordanien zu begreifen, muß man indessen eine vierfache Annäherung, eine Anreise aus allen vier Himmelsrichtungen versuchen. Erst dann wird man gewahr, wie vielfältigen kulturellen Einflüssen, vor allem aber wie vielen Versuchen gefährlicher politischer Einflußnahme durch die Nachbarn die britisch-koloniale Staatsschöpfung auch heute noch ausgesetzt ist.

Fahrt durch die Geschichte

Kommt man von Norden, vom syrischen Städtegürtel Aleppo, Hama, Homs, Damaskus, so erlebt man jene traditionelle orientalische Stadtkultur, die durch den relativen Wasserreichtum der Region des östlichen Fruchtbaren Halbmondes möglich geworden ist. Diese Städte liegen an der Grenze zwischen den syrischen Regengebieten sowie den Wüsten und Steppen, die vom Zweistromland und von der Arabischen Halbinsel in diesen Teil des Fruchtbaren Halbmondes reichen. Politisch wird den Herrschern von Damaskus und des Bilad ash-Shams eine in ihrem Gebiet beginnende Annäherung an den südlichen Nachbarn durchaus ins Konzept passen, sehen sie doch den jordanischen Staat ohnehin als Fremdkörper auf ur-syrischem Territorium. Doch wir bleiben zunächst bei den kulturhistorischen Koordinaten. Nördlich von Damaskus liegen die Kreuzritterburg des Craq des Chevalliers und Maaloula, ein kleiner Ort, in dem einige Bewohner noch heute das Aramäische, die Sprache Jesu, sprechen. Südlich von Damaskus zunächst eine weite, fruchtbare Ebene, einst Kornkammer des römischen Imperiums. Dann das Städtchen Shahba, das alte Philippolis mit Amphitheater, Thermen und einer byzantinischen Kirche. Danach Huwilah am Dschebel Druze, dem Drusengebirge. 300 000 Drusen leben hier. Wie ihre Landsleute in Israel und im Libanon sind sie harte Kämpfer, die Tradition ihrer Aufstände gegen die Franzosen und in den zwanziger Jahren halten sie noch heute hoch. Schließlich Busra al-Sham, das römische Bursa mit einem komplett erhaltenen römischen Amphitheater, umgeben von Festungsmauern, die später Saladin hinzufügte. Nach der syrisch-jordanischen Grenze die jordanische Stadt Jerasch, das römische Gerasa, faszinierend durch seine römischen Ruinen. Und dann Amman, nur etwa 70 Kilometer südlich von Jerasch-Gerasa. Natürlich, möchte man fast sagen, auch hier ein römisches Theater.

Auf der Route der Flüchtlinge

Doch dann verliert sich die antike Tradition. Bis 1920 war Amman ein kleiner Tscherkessenort. Die Tscherkessen, eine im zaristischen Rußland verfolgte muslimische Minderheit, bekamen hier von den Osmanen eine Heimstatt. Danach wanderten syrisch-levantische Kaufleute zu und bescherten Amman einen bedeutenden wirtschaftlichen Aufschwung. Von den einflußreichen Familien Ammans sind noch heute viele syrischen Ursprungs. Und schließlich flohen nach den arabisch-israelischen Kriegen von 1948 und 1967 viele palästinensische Flüchtlinge ins Land. Etwa zwei Drittel der Bevölkerung stellen sie heute. Die einheimische, transjordanische Bevölkerung ist in der Minderheit. Wie der Irak, so hat also auch Jordanien kein geschlossenes „Staatsvolk". Nach dem zweiten Golfkrieg kamen noch einmal Hunderttausende von Palästinensern aus Kuwait – erst als Flüchtlinge vor Saddam Hussein, dann als Flüchtlinge vor den Sabahs.

Kommt man vom Westen, von Cis-Jordanien, vom Land diesseits des Jordan, so reist man auf der Route der meisten palästinensischen Flüchtlinge. Und man wird an die Ansprüche früher Zionisten erinnert, die nicht nur das Westjordanland, sondern auch das Land östlich des Jordan als ihr Siedlungsgebiet beanspruchen. Reist man indessen von Süden, aus Richtung der Arabischen Halbinsel über die heute jordanische Stadt Maan an, so kommt man aus jener Richtung, aus der noch im Jahre 1924 die wahhabischen Glaubenskrieger Abdul Asis Ibn Sauds angriffen. Im März 1924 hatte Hussein in Mekka von der Abschaffung des Kalifats durch Mustafa Kemal, später genannt Atatürk, gehört. Hussein, der seinen Stammbaum ohnehin auf Mohammed zurückführt, ließ sich von Familienangehörigen in Mekka zum neuen Kalifen, zum neuen Nachfolger des Propheten ausrufen. Sein Anspruch wurde von keiner islamischen Glaubensgemeinschaft anerkannt. Dann wurde Hussein von den Mūwahhidūn aus Mekka vertrieben und ging nach Amman. Nun wollten die Muwahhidun bis Amman vorstoßen, um Abdallah, Husseins in Amman mit Hilfe der Briten regierenden Sohn, zu vertreiben und ihre Macht bis an diesen Nordzipfel der Arabischen Halbinsel ausdehnen.

1924 wurden die Mūwahhidūn aus Jordanien mit Hilfe der britischen Luftwaffe vertrieben. Politisch überleben konnten die Haschemitenkönige in Amman dennoch oft nur durch Subsidien jener Saudis, von denen sie aus ihrem Stammsitz in Mekka verjagt worden waren. Die Familie der Saud übte, sozusagen, dynastische Loyalität mit den armen Haschemiten. Seit dem zweiten Golfkrieg ist der finanzielle Nachschub von der Halbinsel indessen unterbrochen. Diesmal üben die Saudis, alter Beduinensitte gemäß, Vergeltung. Denn Hussein, ihr dynastischer Bruder, hatte sich, ihrer Meinung nach, auf die Seite des politischen und religiösen Erzfeindes, auf die Seite des orientalischen Despoten Saddam Hussein geschlagen, welcher mit seinem Feldzug gegen die Sabahs auch die Saudis in ihrer Existenz bedrohte.

Und damit ist schon die vierte Komponente im Spannungsfeld genannt, in dem Jordanien lebt. Einige hundert Kilometer Steppe und Wüste trennen Amman von Bagdad. Die Straße Bagdad – Amman wurde zur Leidensroute vieler Flüchtlinge, die Kuwait nach Saddam Husseins Überfall verließen. Aber ohne den reichen Nachbarn Irak, der Öl im Tausch gegen bescheidene jordanische Industriewaren und landwirtschaftliche Produkte liefert, kann Jordanien nicht überleben. Aus dem Norden und Süden mit den historischen Ansprüchen von Syrern und Saudis konfrontiert, aus dem Westen von palästinensischen Flüchtlingen fast überrannt, im Osten auf ein gutes Auskommen mit den traditionell mächtigen Herrschern von Bagdad angewiesen: Kaum ein anderer Staat der Region muß fast täglich derart ums nackte politische Überleben kämpfen.

Mord vor der Moschee

Dieser Kampf ums Überleben begann mit dem ersten arabisch-israelischen Krieg von 1948. Abdullahs Truppen, vor allem die „Arabische Legion" unter dem Briten General Glubb Pasha, schlugen sich hervorragend und retteten den Ost-Teil Jerusalems vor israelischer Besetzung. Das Westjordanland blieb unter arabischer Kontrolle. Kaum jemand dachte damals daran, vor allem kaum einer der arabischen Brüder der Palästinenser, dort einen palästinensischen Staat zu gründen – trotz der vielen Flüchtlinge aus dem Gebiet des neuen Staates Israel. Im Jahre 1950 annektierte Abdullah das Westjordanland. Aus Transjordanien wurde, geographisch und politisch, Jordanien, das Land beiderseits des Jordan.

Abdullah gehörte zu jenen arabischen Politikern, die einen Ausgleich mit Israel suchten. Die Syrer indessen bekämpften Israel von vornherein – dieses, wie sie es sahen, europäische Implantat in die arabische Kultur. Jordanien glaubte, nur in Kooperation mit Israel selbst überleben zu können. Die Palästinenser wollten ihre Heimat zurückgewinnen, auf die britische Kolonialgründung, den Kunststaat Jordanien, konnten sie keine Rücksicht nehmen. Im Juli 1951 wurde Abdullah in Jerusalem vor der Al-Aqsa Mosee ermordet. Neben ihm stand sein Enkel Hussein, heute König von Jordanien. Nach dem Tod Abdullahs versuchten Syrien und Saudi Arabien, Jordanien unter sich aufzuteilen – die Ansprüche aus dem Bilad ash-Sham und dem Hedschas wurden also umgehend aktiviert. Auch der Irak, wo König Ghazi, ein anderer Haschemit, herrschte, mischte sich ein und äußerte die Idee der Vereinigung beider Königreiche.

Jordanien aber überlebt bis heute. Dieses Wunder ist ausschließlich auf das Geschick König Husseins zurückzuführen. Hussein bestieg 1953 den Thron, weil Talal, Abdullahs Sohn bzw. Husseins Vater dem Amt aus gesundheitlichen Gründen nicht gewachsen war. Zur selben Zeit bestieg in Bagdad Feisal II., ein Cousin Husseins, den irakischen Thron. Fünf Jahre später, 1958, wurde Feisal II. vom putschenden General Kassem ermordet. Hussein war, so haben aufmerksame Zeitgenossen nachgerechnet, in seiner bisherigen, fast schon vier Jahrzehnte dauernden Amtszeit etwa dreißigmal Ziel eines Attentatsversuches.

Doch Hussein, der – wegen seines Körperwuchses – von Beobachtern manchmal fast liebevoll „kleiner König" genannt wird, hat trotz der schlimmen Krisen, welche über Jordanien hereinbrachen, überlebt. Von diesen seien die wichtigsten genannt: der Sechs-Tage-Krieg von 1967, der Versuch einer palästinensischen Machtübernahme 1970, der jordanische Aufstand von 1989 sowie der zweite Golfkrieg mit der ihm vorangehenden Krise von 1990/ 91. Im Juni 1967 schickte Hussein seine Truppen gegen Israel – in dem Glauben an Nassers Versicherung, die iraelische Luftwaffe sei zu großen Teilen vernichtet, ein arabischer Sieg über Israel stehe bevor. Das Gegenteil war der Fall. Innerhalb von nur sechs Tagen waren die angreifenden arabischen Armeen vernichtend geschlagen. Hussein hatte einen Teil seines Landes verloren: den Ostteil von Jerusalem und das von Abdullah 1950 annektierte Westjordanland. Jordanien war geographisch wieder auf seine Ursprünge zurückgeworfen, auf das von den Briten geschaffene Emirat Transjordanien. Bis zum August 1988, mehr als zwei Jahrzehnte, hielt König Hussein an der Fiktion fest, er könne das Land westlich des Jordans für einen Staat wiedergewinnen. 1988 allerdings übergab er das 1967 verlorene Land der Verantwortung der PLO, zog sich also, jedenfalls seinen öffentlichen Äußerungen zufolge, endgültig aus Cis-Jordanien zurück. Doch der gewiefte Politiker Hussein hatte vermutlich die Hoffnung, die PLO werde die ihr übertragene Aufgabe nicht meistern können, werde mithin den König erneut in die Verantwortung für das Westjordanland miteinbeziehen.

Yassir Arafat vor dem Staatsstreich

Palästinenser, insbesondere Yassir Arafats „Palestine Liberation Organization" (PLO) haben den Bestand Jordaniens immer wieder bedroht. Die PLO war ursprünglich eine Gründung der arabischen Staaten. Erst nach der Niederlage von 1967 wurde sie unter Yassir Arafat unabhängig. Arafats Fedajin, seinen Guerilla-Kämpfern, hatte König Hussein so etwas wie Heimrecht in Jordanien gewährt. Von Jordanien aus startete Arafat seine Überfälle auf Israel. Israels Vergeltungsmaßnahmen trafen wiederum nicht nur die in Jordanien residierenden Palästinenser, sondern auch die urjordanische Bevölkerung selbst. Schließlich benahmen sich die Palästinenser in Jordanien so, als seien sie Herren im Staate, sie bildeten praktisch einen Staat im Staate, sie wurden zu einer ernsten Gefahr für den Bestand der Haschemiten-Dynastie. Man kann fast sagen, daß Arafat vor einem Staatsstreich, vor einer Machtübernahme in Jordanien stand.

Wollte Hussein überleben, mußte er sich der bewaffneten Palästinenser entledigen. Er tat dies in überaus blutigen Kämpfen. Das Ereignis ist als „Schwarzer September" in die Geschichte des Nahen Ostens eingegangen. „Schwarz" war dieser September 1970 für Yassir Arafat und seine Krieger, die aus Jordanien vertrieben wurden. Die meisten von ihnen gingen in den Südlibanon und nach Beirut. Die Lektion, die ihnen König Hussein gegeben hatte, hatten sie indessen nicht begriffen. Auch im Libanon führten sich die PLO-Kämpfer bald als Herren, nicht als Gäste auf. So wurde ihre bewaffnete Präsenz zu einer Ursache für den 1975 ausbrechenden Bürgerkrieg.

Das Instrument, welches Hussein zur Vertreibung der Palästinenser benutzte, stammte, sozusagen, aus einem anderen arabischen Kulturkreis. Es waren die dem Haschemitenkönig treu ergebenen, aus den Wüstengebieten Arabiens stammenden Beduinentruppen, welche 1970 die aus dem städtischen Kulturkreis der Levante kommenden, oft gut ausgebildeten Palästinenser besiegten. Hussein, dessen Vorfahren schon vor Mohammed auf der Arabischen Halbinsel wohnten, hatte sich diese Loyalität nach alter Beduinensitte durch Landschenkungen gesichert. Wie Ebba Augustin berichtet, gab Hussein im Jahr 1955 jenen Beduinenkriegern (bzw. ihren Nachkommen) im Jordantal 2000 Morgen Land, welche für seinen Urgroßvater, dem Scherifen Hussein von Mekka, 1915 im arabischen Aufstand gegen die Osmanen gekämpft hatten.

Die Rebellion der Beduinen

Doch Loyalität währt nicht ewig. Sie muß, besonders im beduinischen Lebenskreis, vom Herrscher ständig neu gesucht – man kann auch sagen gekauft –, von den Gefolgsleuten immer wieder bestätigt werden. In Jordanien ist dieses Beziehungsgeflecht irgendwann in den achtziger Jahren empfindlich gestört worden. Als sich nämlich im April 1989 Teile der Bevölkerung wegen der sich ständig verschlechternden wirtschaftlichen Situation gegen die Regierung in Amman erhoben und damit auch dem König ihr Mißtrauen aussprachen, rebellierten nicht die Palästinenser, sondern Mitglieder der alteingesessenen transjordanischen Bevölkerung. (Palästinenser sagten damals: „Wir sind Gäste in diesem Land. Wir haben mit den Ausschreitungen nichts zu tun. Wenn es einen palästinensischen Staat gibt, werden die meisten von uns dahin auswandern.") Unter den Demonstranten waren viele Menschen beduinischen Ursprungs. Nach dem Aufstand, der einige Tote forderte, nahm König Hussein plötzlich eine alte Tradition wieder auf, indem er „Delegationen" aus den verschiedenen Gebieten seines Königreiches empfing. Die Presse war damals voll von Kommentaren, die die Bedeutung des Kontaktes „Seiner Majestät" mit den Bürgern hervorhoben. Selbst die Kuwaitis, die sonst durch nichts aus ihrer Lethargie zu reißen waren (wie Saddam Husseins Überfall ein gutes Jahr später bewies), zeigten sich besorgt um das Wohl des Haschemiten und schickten den Kronprinzen zu einem halbtägigen Besuch nach Amman. Man darf vermuten, daß er einen Scheck zur Beruhigung der Untertanen Seiner Majestät hinterlassen hat.

Unter den Beduinen des Südens, insbesondere unter den Einwohnern der deutlich zum Kulturkreis der Arabischen Halbinsel tendierenden Stadt Maan waren damals Stimmen ganz unterschiedlicher Art laut geworden. Die einen forderten den Anschluß einiger Gebiete an Saudi-Arabien. Das war nicht verwunderlich, denn so wie das saudische Königshaus Stämme im Grenzgebiet zum Jemen durch Zuwendungen auf seine Seite zog, so zahlte es bis in die jüngste Zeit hinein Subsidien an einige Beduinen im südlichen Jordanien. Die Herrscher in Sanaa und in Amman werden durch solche Politik zwar nicht aus ihren Ämtern vertrieben. Aber das saudische Königshaus macht doch deutlich, wie sehr es mit einer Politik der Nadelstiche immer noch Unruhe schaffen kann.

Ebenso beunruhigt muß König Hussein aber auch durch Flugblätter aus beduinischen Gebieten gewesen sein, die mehr Demokratie im Sinne parlamentarischer Vertretung forderten. Es waren zwar junge Leute, die solche Forderungen stellten. Es sind aber immer noch die Scheichs, die traditionellen Stammesführer, die solche „Neuerungen" abzusegnen haben. König Hussein zog, wieder einmal, die richtigen Schlußfolgerungen. Die alten Kommunikationswege zu seinen Anhängern und das Kaufen von Loyalität funktionierten nicht mehr in der traditionellen Weise. Mehr Mitsprache im Parlament war gefragt. Umgehend belebte der König den Parlamentarismus und schrieb Wahlen aus, die nur ein halbes Jahr nach dem Aufstand abgehalten wurden. Es waren die ersten Wahlen in Jordanien seit über zwei Jahrzehnten. Die letzten Wahlen hatte es vor dem Verlust des Westjordanlandes im Sechs-Tage-Krieg von 1967 gegeben.

Für König Hussein, diesen neben Yassir Arafat gewieftesten aller Überlebenskünstler im Nahen Osten, kam die Neuerung wieder einmal gerade zur rechten Zeit. Als nämlich am 2. August 1990, ein gutes dreiviertel Jahr nach den Wahlen von 1989, Saddam Hussein Kuwait besetzte, sah sich König Hussein in einer prekären Situation. Der Westen forderte vom König Parteinahme gegen Saddam Hussein. Jordanien indessen war zu einem Großteil auf wirtschaftliche Zusammenarbeit mit dem Irak angewiesen. Jordaniens Palästinenser, mindestens zwei Drittel der Bevölkerung also, stellten sich auf die Seite Saddam Husseins. Wieder einmal glaubten Palästinenser, es bedürfe nur eines starken Mannes, großer Worte und eines kurzen Krieges, um sie in ihr gelobtes Land, nach Palästina, zu führen. Was der König selber dachte, wird man so genau sobald nicht wissen. Vor Vertrauten soll er geäußert haben, er sei „ein Offizier Saddams". Das ist vermutlich so nicht gesagt worden. Dennoch ist König Husseins Antipathie gegen die Herrscher der Halbinsel, die ihn finanziell so oft an der kurzen Leine hielten, in den letzten Jahren gewachsen.

Für sein Überleben war aber etwas anderes wichtig: das Parlament, das kurz zuvor wieder installiert worden war. Hier konnten des Königs Untertanen frei ihre pro-irakische Meinung äußern. Und der König konnte argumentieren, er herrsche schließlich über eine konstitutionelle Monarchie, in der jeder Bürger – wie vom Westen gewünscht – frei seine Meinung sagen könne. Deshalb durfte zum Beispiel ein Mann wie Dr. George Habash, Führer der radikalen, früher auch terroristischen „Volksfront zur Befreiung Palästinas" erstmals seit dem „Schwarzen September" wieder nach Jordanien reisen und in öffentlichen Auftritten für Saddam Hussein Stellung beziehen. Der König ließ es zu. Zur Zeit der Golfkrise erfreute er sich, wie kaum jemals zuvor, großer Popularität in Jordanien. König Hussein hatte wieder einmal überlebt.

Das Gebiet des Fruchtbaren Halbmondes, bis zum Ende des ersten Weltkrieges von den Osmanen beherrscht, wurde in den Jahren danach von Großbritannien und Frankreich nach ihrer Interessenlage zurechtgeschnitten. Viele der heutigen Konflikte sind damals entstanden, sind also Ergebnis einer kolonialen Politik. Aber die Araber haben nichts, oder doch zu wenig getan, um sich dieses Erbes zu entledigen. Faisal formulierte das arabische Schicksal im Jahr 1943 so (zitiert nach Ebba Augustin): „Unser erster Fehler war unser blindes Vertrauen zu unseren Verbündeten, vor allem zu den Engländern. Unser zweiter Fehler bestand darin, daß wir geglaubt haben, die arabischen Völker und ihre Führer würden einig und geschlossen zur Erreichung des gemeinsamen Zieles zusammenarbeiten und sich der Führung ihrer würdigsten und berufensten Führer unterordnen. Statt dessen hat der Geist der Uneinigkeit, der wie ein Fluch auf der Geschichte der Araber lastet, auch damals seine unheilvolle Wirkung getan."

Der Kampf um Palästina

Dieser Geist der Uneinigkeit kann seit fast viereinhalb Jahrzehnten an einem zusätzlichen Namen festgemacht werden: an dem am 14. Mai 1948 ins Leben gerufenen Staat Israel. An ihm auch kristallisiert sich bis auf den heutigen Tag ein Minderwertigkeitskomplex, den die Araber nur dürftig kaschieren. Wann immer sie mit der überlegenen zivilisatorischen Kraft des jüdischen Staates konfrontiert werden, verweisen sie auf die Kolonialpolitik des Westens, deren Opfer sie geworden seien. Erst mit der verheerenden Katastrophe des verlorenen Sechs-Tage-Krieges von 1967 hat ein Denkproeß begonnen, der die Ursachen für die stets erlittenen Rückschläge auch bei den Arabern selber sucht. Zu einer einheitlichen Haltung gegenüber Israel haben sich die arabischen Staaten bisher dennoch nicht durchringen können – wenn sie sich auch, was sie öffentlich nicht zugeben, seit 1967 insgeheim wohl mit der Existenz Israels abgefunden haben. Aber noch immer wird zum Beispiel in den arabischen Zeitungen der Golfstaaten vom Territorium des Staates Israel als von den „besetzten Gebieten" gesprochen (damit ist in diesem Fall in erster Linie Israel in den Grenzen von 1967 gemeint).

Jüdisches Palästina – arabisches Palästina

Palästina teilt in seiner Geschichte das Schicksal ausländischer Besetzung mit den anderen Teilen jenes Gebietes, welches heute Arabien umreißt. Die Araber kamen im Zuge ihrer Eroberungskriege, 634 vertrieben sie die Byzantiner. 1099 eroberten die Kreuzfahrer unter Gottfried von Bouillon Jerusalem und richteten ein Blutbad unter der Bevölkerung an, das Muslime wie auch viele Christen in Schrecken versetzte. Steven Runciman schreibt in seiner Geschichte der Kreuzzüge, dieses Blutbad habe die „Mohammedaner", welche „bislang bereit gewesen waren, die Franken als eine zusätzliche Strähne im wirren politischen Knäuel jener Zeit hinzunehmen", dazu gebracht, „sie aus dem Land zu treiben". „Es war dieser blutrünstige Beweis christlichen Fanatismus, der den Fanatismus des Islam neu entfachte. Als klügere Lateiner sich in späteren Zeiten im Osten bemühten, eine gemeinsame Grundlage für das Zusammenwirken von Christen und Mohammedanern zu finden, stand die Erinnerung an dieses Gemetzel immer im Weg." Die Kreuzfahrer wurden 1187 von Salah ad-Din wieder aus Jerusalem vertrieben. Dieser auch im Abendland geschätzte Saladin behandelte die Einwohner Jerusalems wesentlich großzügiger als Gottfried von Bouillon zuvor.

Im Jahre 1516 kamen die osmanischen Türken, die sich um diese Zeit auch in Ägypten und im Irak festsetzten, nach Palästina. In den Jahren 1917/1918 eroberten die Briten Palästina. Der neu geschaffene Völkerbund gab ihnen 1922 das „Mandat", in Palästina solche „politischen, administrativen und wirtschaftlichen Bedingungen" herzustellen, welche „die Einrichtung einer nationalen jüdischen Heimstätte" sicher stellen (Artikel zwei). Seit dem Fall des zweiten jüdischen Tempels im Jahre 70 n. Chr. und der letzten jüdischen Revolte gegen die Römer im Jahre 135 n. Chr. hatte es nur wenige Juden in Palästina gegeben. Als europäische Juden in Palästina einen Staat zu gründen suchten, war der Landstrich wenig kultiviert, teilweise sumpfig, von Malaria übertragenden Moskitos verseucht. Bewaffnete Gruppen von Arabern stellten eine ständige Gefahr dar. Im Jahre 1919 hatten die Juden einen Bevölkerungsanteil von knapp zehn Prozent, die Araber stellten neunzig Prozent der Einwohner. Selbstverständlich vertraten die Araber – etwa der Scherif Hussein von Mekka – die Meinung, daß Palästina Teil des von den Briten in Aussicht gestellten arabischen Königreiches zu sein habe.

„Der Judenstaat"

Doch die Geschichte nahm in Palästina wie in anderen Teilen der nahöstlichen Welt einen ganz anderen Verlauf. Im Jahre 1882 setzten sich die Briten in Ägypten fest und schufen sich damit eine erste territoriale Basis im Nahen Osten. Am 14. Februar 1896 hielt der berühmte Wiener Journalist und Literat Theodor Herzl die ersten Exemplare seines Buches „Der Judenstaat" in der Hand. Einen Tag später notierte Herzl in sein Tagebuch: „Indessen ist die Broschüre im Buchhandel erschienen. Für mich sind die Würfel gefallen." In seinem Buch schrieb Theodor Herzl: „Die Judenfrage besteht. Es wäre töricht, sie zu leugnen. Sie ist ein verschlepptes Stück Mittelalter, mit dem die Kulturvölker auch heute beim besten Willen noch nicht fertig werden konnten. ... Ich halte die Judenfrage weder für eine soziale noch für eine religiöse Frage. Sie ist eine nationale Frage."

Das Buch lag im Trend der Zeit. In der Epoche des Nationalismus und des Nationalstaates die „Judenfrage" durch die Gründung eines jüdischen Nationalstaates lösen zu wollen, war kein abwegiger Gedanke. Auf dem Balkan hatte Serbien seine Unabhängigkeit erhalten, Deutschland war 1871 geeinigt worden. Was lag da näher, als die „Judenfrage" zu einer „nationalen Frage" zu machen und für das jüdische Volk ein eigenes Land zu fordern?

Wo der „Judenstaat" entstehen sollte, darüber war sich Theodor Herzl keineswegs schlüssig. Argentinien? Palästina? Argentinien sei eines der reichsten Länder, groß, lediglich dünn besiedelt, die argentinische Republik habe sicher Interesse daran, den Juden ein Stück Land abzutreten. Palästina? Allein der Name wäre ein „Sammelruf" für das jüdische Volk. „Wenn Seine Majestät, der Sultan, uns Palästina gäbe, könnten wir uns anheischig machen, die Finanzen der Türkei gänzlich zu regeln. Für Europa würden wir dort ein Stück des Walles gegen Asien bilden, wir würden den Vorpostendienst der Kultur gegen die Barbarei besorgen. Wir würden als neutraler Staat im Zusammenhang bleiben mit ganz Europa, das unsere Existenz garantieren müßte ... Wir würden die Ehrenwache um die heiligen Stätten bilden. Diese Ehrenwache wäre das große Symbol für die Lösung der Judenfrage nach achtzehn für uns qualvollen Jahrhunderten."

Es herrschte nicht nur das Zeitalter des Nationalismus, sondern auch das des Kolonialismus. Ein jüdischer Staat als ein europäisches Implantat in Vorderasien, als „Wall gegen die Asiaten" – für europäische Regierungen konnte es kaum ein besseres Rezept geben, sich eines Problemes zu entledigen, das – fälschlicherweise – „Judenfrage" genannt wurde. Denn nicht die Juden bildeten das Problem, sondern der jahrhundertealte Antisemitismus jener Völker, die die Juden diskriminiert hatten. Konsequenterweise, so muß man das fast nennen, veröffentlichte im Jahr 1917 der britische Außenminister Lord Balfour eine nach ihm benannte „Erklärung", in welcher er es als Ziel seiner Regierung bezeichnete, dem jüdischen Volk in Palästina eine „Heimstatt" zu schaffen. Theodor Herzls „Judenstaat" war zum Programm eines Staates geworden, der sich im Nahen Osten seit 1882 immer mehr festzusetzen begann: Großbritannien.

Die Idee des Nationalstaates hatte im Orient keine Grundlage. Die islamische Umma, die Gemeinschaft der Muslime, kannte keine fest von einander abgegrenzten „Staaten". Ihr Ideal, in der Wirklichkeit meistens verfehlt, war stets die Vereinigung aller Muslime in einem Gemeinwesen, so, wie der Prophet das vorgelebt hatte. Mit der Übertragung der nationalstaatlichen Idee auf die seit 400 Jahren von den Osmanen beherrschte islamisch-arabische Welt und mit der jüdischen Einwanderung begann ein Konflikt, der seine Ursachen nicht im Nahen Osten hatte, sondern von Europa in ihn hineingetragen wurde. Die Araber waren politisch und militärisch zu schwach, ihre Ziele durchzusetzen.

Jüdischer Nationalismus – arabischer Nationalismus

Auf der Pariser Friedenskonferenz von 1919 traten die Vertreter der jüdisch-israelischen und der arabischen nationalstaatlichen Idee erstmals gegeneinander an. Die Zionisten unterbreiteten (benannt nach dem Berg Zion, des Südosthügels von Jerusalem im ältesten Teil der Stadt) einen territorialen Vorschlag, nach dem der neue Staat Israel bei Sidon im heutigen Libanon seine nördliche, beim ägyptischen El-Arish seine westliche, beim jordanischen Akaba seine südliche und etwas östlich der Linie Damaskus–Amman–Maan seine östliche Grenze gehabt hätte. Emir Feisal, ein Sohn des Scherifen Hussein von Mekka und spätere erste König des Irak, forderte indessen die Unabhängigkeit aller arabisch sprechenden Völker in Asien südlich der Linie der heute türkischen Städte Iskenderun–Diarbakyr einschließlich der Arabischen Halbinsel und, natürlich, einschließlich Palästinas.

Als Begründung für seinen Vorschlag nannte Emir Feisal die Zivilisation, welche in dem von den Arabern beanspruchten Gebiet entstanden seien und deren Völker, die auch in der Gegenwart eine bedeutende politische Rolle zu spielen hätten; die Menschen des Gebietes, die alle die arabische Sprache sprächen; die natürlichen Grenzen des von ihm vorgeschlagenen Staates, welche die Einheit in der Zukunft sichern würde; die einheitliche, semitische Herkunft der dort wohnenden Menschen, unter denen nicht mehr als ein Prozent Ausländer lebten; die soziale und wirtschaftliche Einheit, durch welche das Gebiet geprägt sei; schließlich den Kampf der arabisch sprechenden Menschen an der Seite der Alliierten im ersten Weltkrieg.

Die Ziele waren klar abgesteckt. Die Araber wollten an die Einheit der islamischen Umma anknüpfen, wie sie – ihrer verklärenden Erinnerung nach – auf dem Zenit arabischer Kultur und Zivilisation im Reich der Omaijaden von Damaskus und im Reich der Abbassiden von Bagdad bestanden hatte. Doch von dieser Hochkultur war nichts übrig geblieben. Und in gar keiner Weise war zu erwarten, daß der Westen, das Abendland, welches die Leistungen der islamischen Hochkulturen ohnehin kaum zur Kenntnis genommen hatte, bei der Restauration eines islamisch-arabischen Imperiums behilflich sein würde, auch wenn er das aus taktischen Gründen dem Scherifen Hussein von Mekka während des ersten Weltkrieges in Aussicht gestellt hatte. Gerade hatte man die osmanische Großmacht geschlagen, durch eine arabische Großmacht wollte man sie nicht ersetzen. Denn die wirtschaftliche und kulturelle Durchdringung des Nahen Ostens, die in Damaskus und im alten „Mont Liban" 1860 so erfolgreich begonnen hatte und die mit der Errichtung eines britischen Protektorates 1882 in Ägypten fortgesetzt worden war, wollte man nun nicht plötzlich aufgeben.

Sicherheit für das jüdische Volk

Wollten die Araber nach dem ersten Weltkrieg an ihre glorreiche Vergangenheit anknüpfen, so suchten die Juden in einem Nationalstaat endlich persönliche Sicherheit für jedes einzelne Mitglied ihres Volkes sowie für das jüdische Volk insgesamt. Die Publikation des „Judenstaates", schreibt der britische Autor David Hirst, war Theodor Herzls Antwort auf den „ewig alten Fluch des Anti-Semitismus, mit dem er in all seiner Häßlichkeit in seinem heimatlichen Ungarn konfrontiert worden war, wo Pogrome und Verfahren wegen (angeblicher jüdischer, Zus. d. Verf.) Ritualmorde weiterhin andauerten." Doch jüdischer Nationalismus war, wie Howard M. Sachar bemerkt, nicht nur eine Reaktion auf den Antisemitismus, sondern auch eine Folge des Nationalismus Europas, wo die Juden – jedenfalls im Westen des Kontinents – als verstreut lebende Gruppen innerhalb kompakter „nationaler" Bevölkerungen lebten. So bekam der Spruch „Nächstes Jahr in Jerusalem", mit dem sich seit Jahrhunderten die in der Diaspora lebenden Juden begrüßt hatten, plötzlich eine aktuelle politische

Zielrichtung. Da sich jüdischer und arabischer Nationalismus auf ein und dasselbe Land Palästina richteten, wurde ein Zusammenstoß zwischen den beiden größten semitischen Völkern unausweichlich. Der Konflikt dauert bereits neun Jahrzehnte. Daß dieser Konflikt auch gewalttätig sein würde, wußten die frühen Zionisten, auch wenn sie das so offen nicht aussprachen. Schließlich war Palästina kein menschenleeres Land.

Die Wohlfahrt des syrischen Volkes

Die Gründung eines jüdischen Staates war trotzdem keine von vornherein beschlossene Sache. Von der Friedenskonferenz in Versailles sandte der amerikanische Präsident Woodrow Wilson eine nach Henry Churchill King und Charles R. Crane benannte Kommission in den Nahen Osten, welche Empfehlungen für die zukünftige Politik der Alliierten ausarbeiten sollte. Die King-Crane Kommission legte am 30. August 1919, zwei Monate nach Abschluß des Vertrages von Versailles, erste Empfehlungen vor. Danach sollte Syrien einschließlich des Libanon und Palästinas, den Wünschen einer großen Bevölkerungsmehrheit entsprechend, eine Einheit unter einem einzigen Mandat, mit Emir Feisal als König an der Spitze, werden. Mandatsmacht sollte Amerika sein, wenn sich dies als unmöglich erweise, sollte Großbritannien das Mandat übernehmen. Von der Gründung eines jüdischen Staates sprach die Kommission nicht, vielmehr empfahl sie, das „extreme zionistische Programm" zu modifizieren. Es kam aber alles anders. Nicht eine Mandatsmacht wurde eingesetzt, sondern das historische Syrien wurde unter zwei Mandatsmächte aufgeteilt: Frankreich bekam Syrien–Libanon, England zog in Palästina ein. Die jüdische Einwanderung nahm entgegen den Empfehlungen der Kommission weiter zu. Vor allem legte die Kommission jeder ausländischen Verwaltung nahe, nicht „als kolonisierende Macht" zu kommen, sondern mit dem „klaren Bewußtsein, daß die Wohlfahrt und die Entwicklung des syrischen Volkes heilige Pflicht" (sacred trust) dieser ausländischen Verwaltung zu sein habe.

Weder Briten noch Franzosen beherzigten diese Ermahnung.

Die Araber wehrten sich gegen die Deformation des Mandates, 1936 bis 1939 kam es zu einem Aufstand. Er scheiterte an der Uneinigkeit innerhalb der palästinensischen Gesellschaft und an den traditionellen Fehden zwischen den großen palästinensischen Familien, den Husseinis und den Nashashibis, wie Ebba Augustin die Entwicklung analysiert. Die britische Regierung schickte 1937 unter Lord Peel eine Kommission nach Palästina, welche die Gründung eines jüdischen und eines arabischen Staates sowie die Einrichtung einer britischen Mandatszone in Jerusalem vorsah. Die Briten machten die Empfehlungen zur offiziellen Politik, Araber und Juden lehnten sie ab. Im März 1939 erklärte die britische Regierung in einem Weißbuch, die Gründung eines jüdischen Staates sei nicht vorgesehen, vielmehr sei an einen palästinensischen Staat gedacht, in dem Palästinenser und Juden gemeinsam regierten. All diese verschiedenen Kommissionen, Empfehlungen und Stellungnahmen zeigen, daß die Entwicklung zunächst keineswegs geradlinig auf die Gründung eines jüdischen Staates zulief. Die Juden ließen sich durch all diese Rückschläge, wie sie den uneinheitlichen Kurs der britischen Mandatsmacht empfanden, allerdings nicht entmutigen. Die Verfolgung der Juden durch Hitler-Deutschland machte die Gründung einer sicheren jüdischen Heimstatt in Palästina immer drängender.

Der Holocaust

Nach dem zweiten Weltkrieg wurde der Holocaust in seinem ganzen Schrecken bekannt. Die Gründung eines jüdischen Staates war nun so gut wie unvermeidlich. Allerdings fragen heute noch viele Araber, warum sie mit der Herausgabe arabischen Landes für deutsche Verbrechen bezahlen müßten. Juden kämpften, nun auch mit terroristischen Mitteln, für ihren Staat – gegen die Briten und gegen die Araber. Am 9. April 1948 überfielen die jüdischen Terrororganisation Irgun und Stern das arabische Dorf Deir Yassin bei Jerusalem und töteten zwei Drittel der Bevölkerung. Das Ziel war offensichtlich, nämlich die Araber so zu verängstigen, daß sie bei Gründung des Staates Israel aus Palästina flüchteten. Am 29. November 1947 beschloß die UNO, welche den

Völkerbund als Institution der internationalen Staatenwelt abgelöst hatte, die Teilung Palästinas in einen jüdischen und einen arabischen Staat. Drei voneinander getrennte Teile Palästinas mit 43 Prozent des Territoriums wurden für einen arabischen Staat reserviert, drei andere Teile, 56 Prozent des Landes, durch Korridore miteinander verbunden, sollten den jüdischen Staat bilden. Jerusalem wurde unter internationale Verwaltung gestellt. Die Araber lehnten den Plan ab. Erst 40 Jahre später besannen sich die Palästinenser dieser Resolution, als der PLO-Vorsitzende Yassir Arafat in Genf vor der UNO sprach. Doch die Zustimmung kam zu spät.

Ein arabisches Katastrophenjahr

Schon vor dem offiziellen Ende des Mandats und der Ausrufung des jüdischen Staates am 14. Mai 1948 war es in Palästina zu Kämpfen gekommen, in deren Verlauf 400 000 Palästinenser flohen. Nach dem 14. Mai 1948 schickten die arabischen Staaten ihre Armeen, nicht in erster Linie, um einen Staat Palästina zu gründen, sondern um für sich jeweils ein möglichst kompaktes Stück des gelobten Landes zu gewinnen. Die israelischen Streitkräfte, gut organisiert, schlugen die Araber zurück. Nach dem Krieg besaßen die Israelis mehr Land, als ihnen im Teilungsplan der UNO zugesprochen worden war. So kam es zur ersten Selbstbehauptung des von der UNO ins Leben gerufenen Staates Israel und zu einem – nach 1920 – weiteren „Jahr der Katastrophe" für die Araber.

Noch ein Katastrophenjahr

Die Araber kämpften weiter für und um Palästina. 1958 gründete Yassir Arafat mit anderen Palästinensern in Kuwait seine Organisation al-Fatah. 1964 riefen arabische Staaten die PLO, die „Palestine Liberation Organization" ins Leben, ein Instrument, das sie unter ihrer Kontrolle halten, mithin keiner selbständigen palästinensischen Initiative unterwerfen wollten. 1965 begann Arafats Fatah bewaffnete Überfälle auf israelisches Gebiet. 1967 versuchten die arabischen Staaten unter Führung Gamal Abdel Nassers und Ägyptens, dem Staate Israel den entscheidenden Schlag zu versetzen. Israel begann einen Präventivkrieg. Innerhalb von nur sechs Tagen waren die arabischen Armeen besiegt. Die syrischen Golan-Höhen, das zu Jordanien gehörende Westjordanland, der bisher unter ägyptischer Kontrolle stehende Gaza-Streifen und die ägyptische Sinaihalbinsel gingen verloren. Eine neue palästinensische Flüchtlingswelle ergoß sich über die arabische Welt, insbesondere über Jordanien. Die arabische Welt war paralysiert.

Die PLO kommt

Nach dieser verheerenden Niederlage entwand Yassir Arafat den arabischen Staaten das Propaganda-Instrument der PLO und machte die Organisation zu einer selbständigen Institution der Palästinenser, welche unabhängig von den arabischen Staaten gegen Israel kämpfte. Yassir Arafats Widerstandsorganisation al-Fatah übernahm die PLO. Die PLO machte sich, so steht es noch heute in ihrer Charta, die Vernichtung Israels zum Ziel. Mit weltweitem Terror, der Flugzeugentführungen einschloß, versuchten die Palästinenser, Israel in die Knie zu zwingen. Wie immer, wenn Araber für eine Sache kämpften, kämpfte auch die PLO nicht geschlossen. Der palästinensische Aufstand von 1936–1939 war auch an der Zersplitterung der palästinensischen Gesellschaft gescheitert. Die PLO war nicht weniger zersplittert. In der Öffentlichkeit gab sie diese Zersplitterung freilich auch als einen Beweis für ihre innere Demokratie aus. Tatsächlich ist die PLO in gewisser Weise demokratischer organisiert als manche arabische Staaten. Aber der Terror ihrer verschiedenen radikalen und weniger radikalen Gruppen erinnert oft eher an die Fehden zwischen großen Familienclans als an einen koordinierten Befreiungskampf. Während der Intifada, des von der PLO unabhängig begonnenen Aufstandes gegen Israel im Westjordanland und Gaza, kamen viele Palästinenser nicht durch israelische Soldaten ums Leben, sondern durch blutige Abrechnungen, die innerhalb palästinensischer Gruppen und Familien tobten. Im Südlibanon kam es gleichermaßen immer wieder zu Kämpfen zwischen verschiedenen palästinensischen Fraktionen. Würde ein palästinensischer Staat tatsächlich gegründet, käme es aller Wahrscheinlichkeit nach anfangs zu einer Art Bürgerkrieg um die Macht in diesem Staate.

Ein Sieg auf arabisch

Die arabischen Staaten haben sich mit ihren Gebietsverlusten im Sechs-Tage-Krieg nie abgefunden. 1973 starteten Syrien und Ägypten einen Überraschungsangriff gegen Israel, in dessen Verlauf die Ägypter den Suezkanal überquerten und damit vor allem für sich selbst einen psychologischen Sieg verbuchten. Nach anfänglichen Erfolgen wurden die syrischen und ägyptischen Truppen zurückgedrängt, Vermittlungsreisen des damaligen amerikanischen Außenministers Henry Kissinger führten zu einem Waffenstillstand. Eine neue arabische Niederlage wurde dadurch abgewendet. Heute gilt der 6. Oktober, der Tag der ägyptischen Suezkanal-Überquerung, als Staatsfeiertag in Ägypten. Dieses Ereignis gab Anwar el-Sadat die psychologische und politische Basis für seine Reise nach Jerusalem (1977) und für die Unterzeichnung eines separaten Friedensvertrages mit Israel (1978 im amerikanischen Camp David). Der Vertrag führte zur schrittweisen Rückgabe des Sinai an Ägypten. Für die Palästinenser in den von Israel 1967 besetzten Gebieten sollte ein Autonomiestatus ausgehandelt werden. Diese Bestimmung von Camp David ist bis heute nicht erfüllt.

Auf dem Treffen ihres Nationalrates, des palästinensischen Exilparlamentes, deutete die PLO 1988 in Algier erstmals eine Anerkennung Israels auf der Basis der UNO-Resolutionen 242 und 338 an, die nach den Kriegen von 1967 und 1973 beschlossen worden waren. Die Resolution 242 sieht in ihren Hauptpunkten den Rückzug Israels aus (im Krieg 1967) „besetzten Gebieten" sowie die „territoriale Integrität" und „politische Unabhängigkeit" für „jeden Staat der Region" vor. Die Resolution 338 fordert einen Waffenstillstand und danach eine unmittelbare „Implementierung der Sicherheitsratsresolution 242 (1967) in allen ihren Teilen". Israel argumentiert heute, es habe die Resolution 242 erfüllt: Der Rückzug aus dem Sinai (fast 90 Prozent des 1967 eroberten Territoriums, wie die Israelis argumentieren) entspreche der Formulierung „Rückzug aus besetzten Gebieten". Die Araber fordern Israels Rückzug aus „allen besetzten Gebieten" – also auch den Abzug der Israelis von den Golanhöhen, aus dem Westjordanland und dem Gazastreifen. Im Westjordanland und in Gaza wollen die Palästinenser ihren unabhängigen Staat gründen.

Über Kuwait nach Palästina?

Saddam Hussein hatte während der Krise um Kuwait argumentiert, er werde alle gegen sein Land beschlossenen UNO-Resolutionen erfüllen, sofern die Israelis den Bestimmungen der Beschlüsse 242 und 338 – so wie diese von den Arabern interpretiert wurden – entsprächen. Dieses „linkage", diese Verbindung zwischen Kuwait-Krise und Palästinaproblem wurde weltweit abgelehnt. Schließlich hatte der Irak Kuwait nicht geschluckt, um Palästina zu „befreien". Nach der Niederlage Saddam Husseins wuchs aber besonders unter den Alliierten des Golfkrieges die Einsicht, daß der mehr als vier Jahrzehnte alte Nahostkonflikt – in Wirklichkeit dauert er bereits fast ein Jahrhundert – einer abschließenden, friedlichen Regelung zugeführt werden müsse. Die Nahostfriedenskonferenz von Madrid Ende Oktober 1991 sollte den Beginn eines wirklichen „Friedensprozesses" darstellen.

Auch nach einem Jahrhundert kein Fortschritt

Bis jetzt haben Palästinenser ihren Staat nicht erhalten. Ihre arabischen „Brüder" haben sie mit Worten, aber nicht mit Taten unterstützt. Hafis el-Assad träumt von einem einheitlich groß-syrischen Staat, in welchem ein separater Palästinenserstaat keinen Platz hätte. Andere Araber fürchten die palästinensische Konkurrenz. Wie die Juden so konnten auch die Palästinenser in der Diaspora nur überleben, indem sie sich mehr als andere bildeten, ihre Intelligenz nutzten, Berufe erlernten, sich durchsetzten. Heimatrecht haben Palästinenser nur in Jordanien bekommen. König Hussein gab ihnen die jordanische Staatsbürgerschaft und Reisepässe. In anderen Teilen der arabischen Welt gelten Palästinenser oft als potentielle Terroristen. In Saudi-Arabien sind sie kaum ge-

119

litten. In den übrigen Golfstaaten können sie arbeiten, unterliegen aber strenger Überwachung. In Kuwait durften sie bis zur Pensionierung arbeiten, mußten dann aber das Land auf dem schnellsten Weg verlassen. Dauerhaftes Wohnrecht haben sie dort auch nach einem vollen Arbeitsleben nicht erworben. Ägypten hat bis zum Krieg von 1967 den von etwa 500 000 Palästinensern bewohnten Gaza-Streifen verwaltet. Keiner der drei ägyptischen Präsidenten hat das Gebiet jemals zurückgefordert oder gar angeregt, die Palästinenser aus den Flüchtlingslagern Gazas in Ägypten zu assimilieren. Die Vereinten Nationen haben 1948 ein Hilfswerk gegründet – die „United Nations Work and Relief Agency" (UNWRA) –, welches seit nunmehr 44 Jahren jene palästinensischen Flüchtlinge betreut, die 1948 und 1967 aus „Palästina" flohen. Heute kümmert sich die UNRWA in Jordanien, im Westjordanland, im Gaza-Streifen, im Libanon und in Syrien insgesamt um etwa 767 000 Flüchtlinge in Lagern und um etwa 1,4 Millionen palästinensische Flüchtlinge, die nicht in Lagern leben.

Yassir Arafat hat für viel Geld Waffen gekauft, um das Wohlergehen seiner Landsleute in den Flüchtlingscamps hat er sich weniger gekümmert. Armut radikalisiert, sie beschleunigt den Griff zum Gewehr. Als alles nichts nützte, als sich die Palästinenser der besetzten Gebiete von ihren Landsleuten verlassen sahen, die sie auf ihrer Gipfelkonferenz in Amman vom Herbst 1987 eher nur am Rande erwähnten, erhoben sich im Dezember 1987 die Jugendlichen im Westjordanland und in Gaza gegen die Israelis. Zum erstenmal sah sich die PLO mit spontanen, von ihr nicht genehmigten und nicht gesteuerten Aktionen von Palästinensern konfrontiert. Die „Intifada", der Aufstand der Palästinenser, traf die PLO, die Vertretung der Palästinenser, vollkommen unvorbereitet. Jetzt will man mit Israel verhandeln. Israel will Frieden in Palästina, das es seit 1967 ganz kontrolliert. Die Palästinenser wollen Frieden und ein kleines Stückchen von Palästina, auf dem sie einen Ministaat gründen können. Wie schon vor fast einem Jahrhundert stehen sich jüdischer Nationalismus und arabischer Nationalismus fast unversöhnlich gegenüber.

Heute wären die Araber wohl bereit, den Staat Israel (um Steven

Runcimans Äußerung über die Kreuzfahrerstaaten aufzunehmen) „als zusätzliche Strähne im wirren politischen Knäuel" der Levante hinzunehmen, nachdem sie viereinhalb Jahrzehnte die Realität dieses Staates geleugnet haben. Wären die existierenden arabischen Staaten aber auch bereit, einen zusätzlichen, palästinensisch-arabischen Staat in das „wirre politische Knäuel" ihrer so wenig ausbalancierten Staatenwelt zu integrieren? Vieles spricht dagegen. Palästinenser gehören in arabischen Staaten zu den am schärfsten überwachten Arabern. Niemand traut ihnen recht über den Weg. Oft werden sie pauschal der Subversion verdächtigt. Nur Jordanien gab ihnen Pässe und Staatsbürgerschaft. Syrien, Ägypten und der Irak stellen allenfalls Reisedokumente aus, die anderswo aber meistens nicht anerkannt werden. So wurden viele palästinensische Flüchtlinge praktisch zu Gefangenen ihrer arabischen Gastländer. Syriens Präsident Assad spricht zwar stets vom Wohl der Palästinenser, aber er nutzt ihr Schicksal lediglich für seine eigenen politischen Zwecke. Im Grunde fürchten die arabischen Brüder die Intelligenz der Palästinenser und deren im Überlebenskampf in der Diaspora erungene intellektuelle Wendigkeit. Ein palästinensischer Staat würde als große Konkurrenz empfunden und als gefährliche Komplikation im krachenden Gefüge arabischer Staaten. Keiner der arabischen Staaten hat je einen ernsthaften Versuch gemacht, das Los der seit den Nahostkriegen von 1948 und 1967 in den Lagern Libanons, Syriens, Jordaniens und Gazas lebenden palästinensischen Flüchtlinge ernsthaft zu verbessern. (In Gaza, zum Beispiel, leben 2000 Menschen auf einem Quadratkilometer seit Jahrzehnten unter den unwürdigsten Bedingungen.) Noch ein Jahr nach der Niederlage Saddam Husseins verweigerte Ägypten jenen Palästinensern aus Kuwait, die nach Gaza zurückkehren wollten, den Transit durch Ägypten. So schwebt der von Emir Feisal erwähnte „Geist der Uneinigkeit", dieser „Fluch der arabischen Geschichte" speziell auch über dem Schicksal der Palästinenser. Sie fühlen sich nicht nur von Israel aus Palästina verdrängt, sondern auch von ihren arabischen Brüdern verlassen.

Als sie nichts mehr zu verlieren hatten, klammerten sie sich schließlich an den Despoten Saddam Hussein. Er sollte sie aus ihrer Misere erretten. In vollkommener Verkennung der Realität – eine oft bei Arabern vorherrschende Eigenschaft – glaubten sie, nach Nasser sei ein neuer arabischer Held erstanden. Der Haß auf Amerika, das vier Jahrzehnte Israel unterstützt, aber nichts für die Palästinenser getan hatte, erreichte einen Höhepunkt. Wer Kuwait einnehme, könne Amerika trotzden und Palästina befreien – so lautete die arabisch-palästinensische Logik. Doch wie Nasser im Sechstage-Krieg nicht realisieren wollte, daß seine Luftwaffe in den ersten Stunden der Schlacht von den Israelis vernichtet worden war, so konnten es die Palästinenser nicht fassen, daß sich Saddam Hussein nach nur 100 Stunden Landkrieg aus Kuwait davonstahl. „Ich würde den Mann umbringen, der mir so viel Hoffnung macht, meine Söhne für sich kämpfen läßt und dann nichts zu bieten hat als klägliche Flucht", sagte in Amman eine realistisch denkende Palästinenserin am Tag der Niederlage. Andere Palästinenser wurden sprachlos. Schock, Schmach und Enttäuschung saßen tief – so tief wie nach der Niederlage von 1967. Für die Palästinenser ging eine neue Runde im Kampf um Palästina verloren – ohne daß sie überhaupt kämpfen konnten.

Doch auch Israel hat Narben davon getragen. Daß ein arabisches Land Raketen auf Tel Aviv feuerte, ließ die Israelis erneut am Friedenswillen der arabischen Welt zweifeln. Die Israelis gewannen zwar erneut eine Schlacht um Palästina (welche diesmal die USA für sie schlugen, indem sie einen Teil des irakischen Waffenarsenals vernichteten), aber dem Frieden fühlen sie sich – fast 100 Jahre, nachdem Theodor Herzl den „Judenstaat" ausrief – nur wenig näher. Dennoch ist es jetzt auch an ihnen, Kompromisse zu schließen. Denn derzeit wollen zumindest die gemäßigten Palästinenser nicht mehr als einen Staat, der mit dem Königreich Jordanien in einer Konföderation zusammenlebt.

Drittes Kapitel

Das Land am Nil – Kultur der Fellachen und Pharaonen

Er bebaut den Acker – das ist die wörtliche Übersetzung seines Namens, Fellache. Er tut dies seit etwa 5000 Jahren mit einem Maß an Gleichmäßigkeit und Geduld, das in der Kulturgeschichte seinesgleichen sucht. Der Fellache lebte schon, als niemand von Moses, Jesus und Mohammed sprach. Der Fellache hat die dreißig Pharaonen-Dynastien des alten Ägpyten, danach Perser, Makedonen, Ptolemäer, Römer, Byzantiner, Araber, Mamluken und Osmanen überlebt. Seine Kleidung, die Gallabeia, das lange, von der Schulter bis zu den Füßen reichende Gewand, stammt aus der sechsten Dynastie, also aus dem Beginn des dritten Jahrtausends v. Chr. Napoleons politisch wie wissenschaftlich ambitionierte Expedition nahm er gleichmütig hin. Die Neuerungsversuche Muhammed Alis gingen an ihm ebenso vorbei wie die koloniale Dominanz der Briten über Ägypten. Er hat Abdel Nassers Revolution und Nassers Reden, sein Los verbessern zu wollen, über sich ergehen lassen, ahnend, daß er nachher nicht besser dastehen werde als zuvor. Der neue Pharao Anwar el-Sadat imponierte ihm nicht mehr als dessen Vorgänger, obgleich er beiden gelegentlich zujubelte. Den dritten aus der Dynastie der neuzeitlichen Pharaonen, Hosni Mubarak, straft er eher mit der ihm eigenen gleichmütigen Vernachlässigung, wiewohl er auch diesen Pharao aus der ersten Militärdynastie immer wieder im Amt bestätigen muß, wenn dessen Abgesandte alle paar Jahre in die Dörfer am Nil kommen und ihn nötigen, auf einer neumodischen Einrichtung, dem Stimmzettel, dorthin ein Zeichen zu setzen, wo der Name des Pharaos oder die Namen seiner Clanmitglieder stehen. Der Fellache ist eine der außerordentlichsten Erscheinungen der Weltgeschichte.

Alles ist dem Fellachen gleich, solange nur die Quelle seines Daseins fließt – der Nil. So sehr ist er mit dem großen Fluß verbunden, daß er jahrtausendelang der Meinung war, alle Ströme dieser Welt flössen von Süden nach Norden, daß, demnach, Euphrat und Tigris „verkehrte Flüsse" sein müßten. Der Pharao, sein Herr, zwang ihn zwar zum Kriegsdienst, aber sehr kriegerisch ist er dadurch nicht geworden.

Die schönste Anekdote, welche den Ägypter als Krieger (gegen Israel) charakterisiert, ist noch immer diese: „Alle zehn Jahre", erzählt ein Fellache, „kommen die aus Kairo, stecken mich in eine Uniform und fahren mich auf den Sinai. Von dort muß ich stets zu Fuß zurücklaufen." Das Land, in dem der Fellache lebt, das schmale Niltal, war meistens gut geschützt. Im Osten und Westen erstrecken sich weite, unwirtliche, fast undurchdringbare Wüsten. Militärische Vorposten, etwa in der Oase Siwa in der Nähe der heutigen libyschen Grenze, konnten zudem frühzeitig feindliche Eindringlinge melden. Das Delta im Norden, versumpft und von Moskitos verseucht, bildete oft eine wirksame Barriere gegen Eindringlinge, die von See her kommen wollten. Nur die Landbrücke nach Asien, die Halbinsel Sinai, galt als eine wirkliche Schwachstelle. Hier sorgte des Fellachen Herr, der Pharao, durch Befestigungen für möglichst wirksamen Schutz. So besteht die Leistung des Ägypters, jedenfalls in der Vergangenheit, in der staatlichen Organisation und in einer funktionierenden Bürokratie, welche zum Beispiel die Verteilung des Wassers organisierte.

5000 Jahre Einheit

Das Land des Pharao und des Fellachen fand früher als andere Regionen jenes Gebietes, welches das Abendland später den Orient nannte, zu staatlicher Einheit. Auch diese war, ebenso wie der schmale Streifen bewohnbaren Landes, ein Geschenk der Natur. Ein fast ständig von Nord nach Süd wehender Wind trieb die Schiffe vom Delta bis zum ersten Katarakt, bis zur ersten Stromschnelle bei Assuan. Zurück ins Delta brachte die Schiffe die Strömung von selbst. Staatliche Einheit war also leicht herzustellen. Beim heutigen Assuan, dem antiken Sina, endete Ägypten zunächst. Dort saß auf der Nil-Insel Elephantine ein vom Pharao eingesetzter Gaufürst und beobachtete das „elende Kusch", wie das feindliche, im Süden liegende Nubien genannt wurde. Von Europa ist in diesem zweiten Jahrtausend vor Christi Geburt noch nicht viel in den Geschichtsbüchern verzeichnet.

Man muß diese geographischen Koordinaten kennen, um zu verstehen, wie es kam, daß das heutige Ägypten so ganz anders ist als die Staatenwelt der Arabischen Halbinsel sowie Mesopotamiens und des Landes an Orontes, Yarmuk und Jordan. Die lebensfeindliche Wüste Arabiens ließ eine Stammesgesellschaft entstehen. Das für Aggressoren aus Hinterasien offene Zweistromland brachte zwar blühende Stadtstaaten und Kulturen hervor, die auch die Zivilisation am Nil befruchteten. Zu einer Einheit, welche der des Niltals gleicht, kam es aber nicht. Mesopotamien wurde immer wieder verwüstet, zuletzt von den Mongolen. Bis Kairo, damals eine blühende Stadt, der alle islamischen Herrscher ihre eigene zivilisatorische und kulturelle Prägung gegeben hatten, sind die Mongolen nie gekommen. Die in Kairo damals herrschenden Bahri-Mamluken schlugen die Mongolen 1260 in Syrien, nachdem diese zuvor Aleppo und Damaskus erobert hatten. Damaskus und Aleppo haben überlebt, aber sie gehörten immer verschiedenen Herren und verschiedenen „Staaten". Auch Kairo war seit Ende der pharaonischen Zeit vielen Herren unterstellt. Aber es blieb, was andere nicht waren: Hauptstadt eines einheitlichen Staates – Ägyptens. Denn Ägypten war nicht, wie die Stammesgesellschaften Arabiens oder die verschiedenartigen Regionen zwischen syrischer Mittelmeerküste und Persischem Golf durch Kolonialmächte zu zerstückeln. Ägypten mußte man in Ruhe lassen, oder man mußte es als ein Ganzes schlucken. Das taten erst die Araber, danach wechselnde islamische Dynastien, dann die Osmanen und schließlich die Briten.

Die Araber kommen

Nach Ägypten kamen die Araber, beflügelt durch den neuen Glauben und gezwungen, die durch diesen Glauben mühsam errungene Einheit durch Expansion zu festigen, unter dem General Amr Ibn al-As. 640 schlug er die Byzantiner bei Heliopolis. (In Europa begannen um diese Zeit die Franken mit der Festigung ihres Reiches, ein Jahrhundert später, 732, trafen Abendland und Orient bei Tours und Poitiers aufeinander, wo Karl Martell die Sarazenen schlug – „the most grievous pest – die allerschlimmste Pestilenz", wie der frühe Kirchenhistoriker Beda 735 Araber abschätzig nannte.) In Ägypten wurde Amr Ibn al-As Statthalter Omars, des zweiten Kalifen, des zweiten Nachfolger des Propheten Mohammed. In Kairo zeugt noch heute eine Moschee mit seinem Namen von dieser Tat. Im Laufe der Zeit traten viele, nicht alle Ägypter, zum neuen Glauben über. Doch sie blieben – und auf diese Feststellung legt ein stolzer Ägypter auch heute noch Wert – Ägypter. Zu Arabern, sagen sie, seien sie nicht geworden.

Einer von ihnen, Gamal Abdel Nasser, wurde zwar zum Prediger einer Ideologie, die sich Pan-Arabismus nannte und die auch als Waffe im Kampf gegen Israel herhalten sollte; aber schon sein Nachfolger, Anwar al-Sadat, besann sich – trotz aller tagespolitischen und taktischen Überlegungen, welche ihn auch bewegten – auf die Weisheit des alten Kulturvolkes der Ägypter und schloß mit Israel Frieden. Er konnte dies tun, nachdem er im Krieg von 1973 den Suezkanal überschritten hatte, mithin seinem Volk zu suggerieren vermochte, es habe dem Pharao den Sieg über jenen Feind errungen, dem man nun die Hand reiche. Arabien schloß den vermeintlichen Verräter an seiner Sache aus seiner Gemeinschaft aus. Ein Jahrzehnt dauerte es, bis der Araber den Ägypter wieder als politischen Partner akzeptierte. Denn ohne Ägypten, ohne sein stärkstes Volk, kann Arabien auf die Dauer nicht bestehen.

Abschied von Arabien

Doch erst einmal verabschiedete sich Arabien (nicht der Islam) von Ägypten, welches von Medina, Damaskus und Bagdad aus regiert worden war. Ins Zentrum des von den Arabern gegründeten Vielvölkerstaates, nach Bagdad, waren im Laufe der Zeit immer mehr Angehörige von Turkvölkern aus dem Norden gewandert. Sie dienten dem Kalifen so lange, bis sie meinten – wie Desmond Stuart das hübsch ausdrückt –, daß der Kalif ihnen zu dienen habe. Diese Mamluken – frühere „Sklaven" – wurden zu einer solchen Gefahr, daß der Kalif Mutassim sein Reich in Lehensgüter aufteilte, welche er jenen Türken-Mamluken zur Verwaltung übergab, die ihm gefährlich zu werden drohten. So kam 868 ein Türke, Ahmed Ibn Tulun, nach Kairo. Er baute sich unweit des von Amr Ibn al-As errichteten Fustat eine neue Stadt, Kairos Ibn-Tulun-Moschee zeugt noch heute von ihm. „Daß diese große Moschee überhaupt überlebt hat", schreibt Desmond Stewart, „ist eines der Wunder Kairos; daß sie so oft restauriert, aber nicht umgebaut wurde, hat sie vielleicht zu einem der größten Besitztümer einer Stadt gemacht, welche so viel besitzt."

Ibn Tulun regierte – wie die meisten seiner Nachfolger bis Muhammed Ali, der 1849 starb, und bis zum Vizekönig Tawfiq, der 1882 die Oberherrschaft der Briten anerkennen mußte – Ägypten im Namen einer höheren Autorität: im Namen der Kalifen von Bagdad. Später wurde Ägypten von lokalen Herrschern im Namen der Osmanen und der Briten beherrscht. Die Tuluniden regierten in Kairo bis 905. Nach einem kurzen Interregnum kamen 969 die Fatimiden, eine schiitische Dynastie, welche ihren Ursprung auf Fatima, die Tochter Mohammeds, und auf Ali, den vierten Kalifen, zurückführten. Sie erbauten das heute noch in weiten Teilen existierende fatimidische Kairo zwischen dem Bab (Tor) Suweila und dem Bab al-Futuh. Bis 1171 regierten die Fatimiden. Ihre Nachfolger waren die Ayyubiden, eine kurdische Dynastie, die im Verlaufe des Kampfes gegen die Kreuzfahrer aus Syrien nach Ägypten gekommen waren und deren bekanntester Vertreter Salah ad-Din, der berühmte Saladin, war. Saladin setzte sich in Damaskus wie in Kairo mit dem Bau einer Zitadelle ein Denkmal. Vor allem aber beendete er die „schiitische Ketzerei" der Fatimiden in Kairo. Salah ad-Din, ein überzeugter Sunnit, führte Ägypten zurück zur muslimischen Orthodoxie. Fatimidisches Schrifttum wurde verboten, statt dessen führte Saladin die Madrassa in Ägypten ein, die zentrale Institution sunnitischen Lernens. Die weltberühmte Universität al-Azhar, eine fatimidische Gründung, wurde wissenschaftliches und dogmatisches Zentrum des orthodoxen Islam. Noch heute aber hat al-Azhar Bedeutung für alle Muslime. Durch Saladin und seine Nachfolger hatte sich das Zentrum muslimischer Macht von Syrien nach Ägypten verlagert. Dem trugen auch die Kreuzfahrer Rechnung. Wollten sie eine dauerhafte Herrschaft in Syrien, mußten sie Ägypten unterwerfen. Zweimal eroberten sie Damietta. Bis Kairo kamen sie nicht. Ägypten war nicht zu erobern, auf Dauer waren dies auch Syrien und Palästina nicht. Die Ayyubiden-Herrschaft über Ägypten ging 1252 zu Ende.

Dann übernahmen wieder türkische Ex-Sklaven die Herrschaft über Ägypten. Diese Mamluken-Ära dauerte bis 1805. Damals ließ Muhammed Ali die meisten Mamluken-Führer in Kairo töten. Im Jahre 1516 hatten zwar die osmanischen Türken, eines der aus Asien eingedrungenen, zum Islam konvertierten Völker Ägypten erobert; die Osmanen integrierten Ägypten in ihr Weltreich, ließen aber die Mamluken weiter an der Macht in Kairo. Die Auseinandersetzungen zwischen den Mamluken waren oft gewalttätig. Doch sie haben in Kairo auch großartige architektonische Zeugnisse wie Moscheen, Schulen und Grabstätten hinterlassen. Ein Kleinod ist Moschee und Kolleg des Sultan Hassan, die 1363 vollendet wurden. Kairo war damals mit etwa 500 000 Einwohnern unbestrittene Hauptstadt der islamischen Welt. Heute verfallen viele von Kairos Monumenten – ohne daß die arabisch-islamische Welt darüber klagte.

Nach der Eroberung Kairos wandten die Osmanen ihre militärischen Kräfte nach Europa. Im Jahre 1526 schlugen sie bei Mohács die Ungarn, 1529 standen sie erstmals vor Wien: nach den Kreuzzügen holte der Orient durch die Expansion des Osmanischen Reiches zum großen Schlag gegen Europa aus.

Die Ankunft Europas

Europa schlug diesen Angriff zurück. Die Kreuzfahrer hatten Syrien nicht erobern können, nun konnten die Osmanen Europa nicht bezwingen. Zweieinhalb Jahrhunderte später, im Jahre 1798, stand Europa seinerseits erneut vor den Toren des Orients. Napoleon landete in Ägypten. Anders als bei den Kreuzzügen war nicht eine christlich motivierte Reconquista das Motiv der Expedition. Vielmehr waren die große französische, in die Herrschaft eines einzelnen entartete Revolution und der britisch-französische Antagonismus sozusagen nach Ägypten übergeschwappt. Napoleon Bonaparte kam, um den Engländern den Seeweg zu ihrem Reich in Indien zu blockieren und um – ein Nebenprodukt der Reise – die Interessen europäischer Kaufleute zu sichern. Bei den Pyramiden besiegte er die Mamluken. Im selben Jahr wurde seine Flotte bei Abukir, heute ein Vorort Alexandrias, von dem britischen Admiral Nelson geschlagen. 1799 verließ Napoleon Ägypten, 1801/02 zogen die letzten französischen Truppen ab.

So kläglich das militärische und politische Ergebnis der Unternehmung zunächst aussah, so tief waren dennoch seine langfristigen Konsequenzen. Napoleon hatte ein ganzes Corps von Wissenschaftlern mitgebracht. Deren Forschungen schlugen sich in den Jahren 1809 bis 1828 in einer zwanzigbändigen „Description de l'Egypt" nieder. Mit Napoleon begann die wissenschaftliche Eroberung Ägyptens durch Europa. Napoleon kann mit Fug und Recht als Vater der Ägyptologie gelten. Sein Landsmann, Jean François Champollion, entzifferte 1824 und in den darauffolgenden Jahren die Hieroglyphen und wurde zum wissenschaftlichen Begründer der Ägyptologie. Hunderte von Wissenschaftlern und Bildungsreisenden aus Europa und Amerika haben nach den Franzosen Ägypten besucht und erforscht. So sehr rückte der Orient im Laufe des 19. Jahrhunderts in das Bewußtsein Europas, daß auch ein Mann wie Karl May in seinen „Reiseerzählungen" Ägypten nicht auslassen konnte. Nach den Forschern, Abenteurern, Pseudo-Abenteurern und frühen Rucksacktouristen kamen die vornehmeren europäischen Reisenden. Die britische Agentur Thomas Cook, welche als erste Pauschal- und Gesellschaftsfahrten mit fachkundiger Führung organisierte, besaß eine Nilflotte und brachte erstmals „Touristen" nach Ägypten. Doch Reisen machten plötzlich auch die Ägypter. Ihr Herrscher, Muhammed Ali, schickte „Delegationen" nach Europa, speziell nach Frankreich, welche europäisches Wissen zum Aufbau Ägyptens erwerben und anwenden sollten.

Napoleons ägyptischer Feldzug hatte Folgen für Ägypten, die der Feldherr und Imperator aus Europa in keiner Weise voraussehen konnte. Als Kommandant eines albanischen Regimentes, das die Franzosen bekämpfen sollte, hatte der Sultan in Istanbul den Albaner Mohammed Ali, geboren im griechischen Kavalla, nach Kairo geschickt. Während der Wirren nach Abzug der Franzosen schwang sich Mohammed Ali selbst zum Herrscher auf, indem er zunächst die mit den Osmanen Unzufriedenen um sich sammelte, dann das Regime der Mamluken besiegte und schließlich vom Sultan in Istanbul als Herrscher Ägyptens akzeptiert wurde. Mohammed Ali schickte seine Truppen 1818 im Auftrag des Sultans gegen die Wahhabis nach Zentralarabien und eroberte für sich Syrien. Das mußte er allerdings unter dem Druck des Sultans und Großbritanniens wieder aufgeben. Mohammed Ali, ohnehin schon der mächtigste Gouverneur des Osmanischen Reiches, wurde den Briten auch wirtschaftlich zu stark. Britische Textilien hatte er zum Beispiel aus Ägypten verbannt, um seine eigenen industriellen Gründungen auf diesem Sektor zu schützen. So war die Auseinandersetzung Europas mit Mohammed Ali, wie später das europäische Eingreifen in den muslimisch-christlichen Krieg in Beirut und Damaskus (1860), auch ein Kampf um wirtschaftliche Vorteile.

Für Ägypten aber begann mit Mohammed Ali der intensive Kontakt mit Europa und der intensive Versuch einer wirtschaftlichen Neuorganisation nach europäischem Vorbild. Allerdings tat das der neue fremde Herrscher nicht so sehr aus Liebe zu den Ägyptern, sondern um seiner eigenen Machtambitionen willen, die er nur befriedigen konnte, wenn er über ein wirtschaftlich starkes Land herrschte. Zwischen Alexandria und dem Nil ließ er einen Kanal graben, bei dessen Bau 20 000 Arbeiter – Fellachen – starben. Im Sudan suchte er nach Sklaven und Gold, den Norden des Landes fügte er ebenso seinem persönlichen Besitz zu wie zuvor alles private Land in Ägypten. Fabriken und Dämme wurden gebaut, auf der Zitadelle von Kairo ließ Mohammed Ali die etwas groß dimensionierte Alabaster-Moschee errichten.

Mohammed Ali starb 1847, nach mehr als vier Jahrzehnten despotischer Herrschaft. 35 Jahre später kam Ägypten unter eine neue Fremdherrschaft, unter die der Briten, welche Mohammed Alis Dynastie aber formell an der Macht ließen. Diesmal war es reine Kolonialpolitik, mit der Europa in Ägypten intervenierte. Allerdings haben die Nachfolger Mohammed Alis die Briten zu einem solchen Vorgehen geradezu eingeladen. So sehr hatte etwa der Khedive Ismail (Vizekönig unter osmanischer Oberherrschaft) Staatsgelder verschleudert – etwa 1869 zur Bewirtung europäischer Majestäten zur Eröffnung des Suezkanals –, daß europäische Mächte 1876 die „Caisse de la Dette Publique" einsetzten. Das war eine Institution, durch die Abgesandte aus den Gläubigerländern England, Frankreich, Italien und Österreich-Ungarn immer mehr Kontrolle über die ägyptischen Finanzen bekamen. Ähnliches geschah später im Zentrum des Osmanischen Reiches, in Istanbul. 1881 setzte Sultan Abdel Hamit eine öffentliche Schuldenkommission ein, in der auch Vertreter Englands, der Niederlande, Deutschlands, Österreich-Ungarns und Italiens saßen. Hauptzweck war die Sicherung der Rückzahlung jener enormen Auslandsschulden, die das Osmanische Reich in die Abhängigkeit des Westens gebracht hatten.

In Kairo lehnte sich Ahmed Urabi, ein ägyptischer Armee-Offizier, gegen die zunehmende ausländische Kontrolle über sein Land auf – in Istanbul waren es 1908 die Jungtürken. In Kairo intervenierten die Briten – auch auf Bitten des Khediven Tawfiq –, und so wurde Ägypten 1882 ein britisches Protektorat. In Istanbul schlugen sich die Jungtürken im Ersten Weltkrieg auf die Seite des Deutschen Kaiserreiches. Das bedeutete den endgültigen Untergang des osmanischen Vielvölkerstaates, der Arabien so lange beherrscht hatte. Einer der Jungtürken, Mustafa Kemal, erhob sich nach dem Krieg gegen den Versuch des Westens, die zentralen türkischen Lande ebenso aufzuteilen wie etwa Syrien. Mustafa Kemal besiegte das griechische Expeditions-Corps unter Eleftherios Venizelos. Aus diesem ersten nationalen Befreiungskrieg des Jahrhunderts ging der türkische Nationalstaat hervor. Mustafa Kemal gelang, was kein arabischer Führer der Epoche erreichte: ein Sieg über „den Westen". So wurde aus Mustafa

Kemal „Atatürk", Vater der Türken. Einen „Vater der Araber" hingegen gibt es nicht.

Die Briten am Nil

Der Khedive hatte die Briten gegen die ägyptischen Nationalisten zu Hilfe gerufen in der naiven Annahme, daß die Fremden sich danach höflich wieder zurückziehen würden. Die aber dachten gar nicht daran. Zur Räumung ihrer letzten Bastion, dem Suezkanal, mußte Abdel Nasser sie 1956 geradezu nötigen. Zunächst setzten sie mit Lord Cromer einen Hochkommissar ein und verordneten, daß jeder ägyptische Minister, der sich Cromers Weisungen widersetze, zurückzutreten habe. Cromer wurde ungekrönter König Ägyptens – gegen den Protest der stärker werdenden ägyptischen Nationalisten wie Mustafa Kamil. Nach dem Ersten Weltkrieg, der Auflösung des Osmanischen Reiches, der Festsetzung der Briten im Irak, in Transjordanien und Palästina und der Übernahme Syriens und des Libanons durch die Franzosen blieben die Briten in Ägypten – wenn sie auch 1922 die „Unabhängigkeit" gewährten, wie sie das nannten. Die Briten behielten sich Verteidigung, Schutz des Suezkanals, Schutz ausländischer Interessen und Wahrung ihrer Position im Sudan vor.

Das islamische Reich der Osmanen war zerschlagen, nun konnte Europa fast ungehindert nach dem Orient greifen. Die Ägypter hatten zwar eine Delegation (arabisch: Wafd – aus ihr ging die berühmte Wafd-Partei hervor) an den britischen Hochkommissar geschickt und eine Teilnahme an der Pariser Friedenskonferenz gefordert, waren aber mit diesem Ansinnen auf deutliche Ablehnung gestoßen. Im Jahre 1924 errang die Wafd einen überragenden Sieg in den Parlamentswahlen, ihr Führer, Saad Zaghlul, wurde Ministerpräsident. Er war der erste Fellache Ägyptens, welcher zu Amt und Würden kam.

Erst 1936 gelang es den Ägyptern, mit den Briten einen Vertrag auszuhandeln, der zwar nicht de facto, aber de jure die britische Besatzung beendete und die Aufnahme Ägyptens als unabhängige Nation in den Völkerbund ermöglichte. Bis 1936 hatte König Fuad selbstherrlich regiert, ein intelligenter, aber der parlamentarischen Kontrolle der Monarchie wenig zugeneigter Machthaber. Sein Sohn, König Faruk, entpuppte sich als Playboy, der wie sein Vater das Talent hatte, große Reichtümer anzuhäufen. Als ihn die „freien Offiziere" unter Mohammed Naguib und Gamal Abdel Nasser am 23. Juli 1952 absetzten, weinte diesem letzten Nachfolger Muhammed Alis kaum jemand eine Träne nach.

Die Wiederkehr Arabiens

So wurde Ägypten erstmals seit 2000 Jahren wieder von Ägyptern regiert. Die Tat wurde in der arabischen Welt bejubelt und von den Ägyptern als endgültige Befreiung von Fremdherrschaft gefeiert. Das Werk wurde abgerundet, als Nasser vier Jahre später die Briten von ihrer letzten Bastion im Land, dem Suezkanal, vertrieb. Nassers Politik der Blockfreiheit, seine Absicht, mit beiden Supermächten zu kooperieren, hatten dazu geführt, daß die USA und Großbritannien ihr Angebot zurückzogen, den Hochdamm von Assuan zu finanzieren. Nasser verstaatlichte die britisch dominierte Suezkanalgesellschaft, um mit deren Einnahmen, wie er sagte, den Damm zu bauen. In einer gemeinsamen Aktion gingen Frankreich, England und Israel militärisch im Oktober 1956 gegen Ägypten vor, mußten sich später aber auf Druck der USA und der Sowjetunion zurückziehen, die in seltener Interessengleichheit handelten. Sozusagen im Windschatten der anglo-französisch-israelischen Aktion konnte im gleichen Monat die Sowjetunion den ungarischen Volksaufstand niederschlagen.

Mit der Teilnahme am ersten Nahostkrieg gegen Israel im Jahre 1948 war Ägypten eng mit dem Nahostkonflikt verwoben worden, der die Geschicke der Region bis heute bestimmt. Ägypten wurde politisch zu einem Teil der arabischen Staatenwelt, welche sich aus der Umklammerung der Briten und Franzosen zu lösen begann. Das war durchaus nicht selbstverständlich. Bis zur Revolution Nassers hatte sich Ägypten kaum an „arabischer" Politik beteiligt – so es eine solche überhaupt gab. Ägypter, die sich selbst nicht als Araber bezeichneten, wurden auch von den Arabern nicht als solche angesehen. Ägypten war der „Nachzügler" arabischer Politik, wie Fouad Ajami schreibt. Die Aufnahme Ägyptens in die 1945 gegründete Arabische Liga war daher durchaus nicht selbstverständlich. Allerdings war Kairo stets ein kulturelles Zentrum der Arabischen Welt gewesen. Wer z. B. seinen Kindern eine gute Ausbildung geben wollte, schickte sie nach Kairo.

Das arabische Staatensystem, das sich nach Jahrhunderten der Fremdherrschaft und nach der ihm auch von außen auferlegten Zersplitterung zu bilden begann, muß notwendigerweise auch heute noch labil sein. Geschlossenheit ist so schnell nicht zu erwarten – zumal dieses System aus arabischer Sicht von Europa mit einer schweren Hypothek belastet wurde. Mit der vom Westen erzwungenen Gründung – so interpretieren dies die Araber – des Staates Israel habe sich der Westen (wenn man will der alte Feind aus dem Abendland) erneut einen Vorposten im Orient geschaffen. Israel wird von den USA als „strategischer Verbündeter" bezeichnet – Verbündeter gegen die Araber, so hat man dies lange Zeit in Kairo, Damaskus und Bagdad gesehen. Mit Nassers Ideologie des Panarabismus, der die neu entstehende, unabhängige arabische Staatenwelt nach Jahrhunderten der Unterdrückung und Zersplitterung einigen wollte, mit seinem Aufruf zum Widerstand gegen das „Westliche Implantat" Israel, mit seinem Kampf auf seiten der jemenitischen Offiziere gegen die Herrschaft des konservativen Imam übernahmen Nasser und Ägypten in Arabien die Führungsrolle.

Die neuen Pharaonen

Nasser entstammte wie der nominelle Führer des Staatsstreiches, General Mohammed Naguib, und wie seine Nachfolger, Anwar el Sadat und Hosni Mubarak, einer Kaste, die auch schon früher in der ägyptischen Geschichte die Macht ausgeübt hatte. Seit dem Juli 1952 hatten die Militärs das Schicksal Ägyptens in ihrer Hand, wenn sie ihre Macht auch mehr und mehr durch Wahlen, ein Parlament, eine relativ freie Presse und eine relativ unabhängige Justiz verbrämen lassen. Letztlich hält der Präsident, der neue Pharao, alle Macht in der Hand. Er setzt den Ministerpräsidenten und sein Kabinett sowie die Gouverneure der Provinzen ein und ab. Ihm untersteht die Armee. Er wählt aus einer Anzahl von Kandidaten den Mufti der Republik und den Groß-Scheich der berühmten Al-Azhar-Universität aus. Er läßt sich ohne Gegenkandidaten von seiner Klientel ins Amt wählen. Er läßt Parlamentswahlen so organisieren, daß die auf ihn zugeschnittene Regierungs-„Partei" eine komfortable Mehrheit bekommt. Dennoch läßt er der „Opposition" ein gewisses Maß an Freiheit und macht sie somit zu einer Stütze seines Regimes.

Drei ägyptische Republiken

Verlassen wir einmal die Metapher vom Fellachen und Pharao und bedienen wir uns der Terminologie, wie sie die Herrschenden in Ägypten bevorzugen. Das heutige Ägypten nennt sich offiziell „Arabische Republik Ägypten". Der Islam ist Staatsreligion, die christlichen Kopten sind eine Minderheit von etwa acht bis zehn Prozent der Bevölkerung (das sind die Zahlen der Regierung. Kopten selber sagen, sie hätten einen Anteil von 15 bis 20 Prozent der Bevölkerung). Diese Bevölkerung wächst um jährlich etwa eineinhalb Millionen Menschen. Ägyptens Einwohnerzahl beträgt inzwischen 56 bis 57 Millionen. Am Beginn der Ära Nassers waren es 22 Millionen. Kairo, gebaut etwa für fünf Millionen, muß nun sechzehn Millionen beherbergen – entsprechend überlastet ist die Infrastruktur. Seit der Revolution von 1952 hat es erst drei Präsidenten gegeben: Gamal Abdel Nasser, der von 1952 bis 1970 regierte, Anwar el-Sadat, von 1970 bis zu seiner Ermordung 1981 Herr des Landes, und seitdem Hosni Mubarak. In vier Jahrzehnten nur drei Herrscher – das deutet auf eine bemerkenswerte Stabilität hin, will man es positiv, sozusagen im Jargon der Diplomaten, ausdrücken. Man kann es auch anders umschreiben. Dann würde man etwa sagen müssen, daß das von Nasser gegründete Regime fest in der Macht verankert ist. Alle drei Präsidenten kommen aus dem Militär. Das Militär ist heute unbeschränkt die privilegierte politische Klasse. Wer eine höhere militärische Laufbahn einschlägt, bekommt garantiert eine Wohnung – eine Rarität in Kairo –, kann sich ein Auto leisten, darf in speziell für Militärs bestimmten Läden einkaufen und hat Zugang zu Freizeit-

und Sportclubs, die sich viele Ägypter nicht leisten können. So stützt sich das Militär selber, und derzeit ist – abgesehen von den strikt überwachten Integristen – keine gesellschaftliche Gruppe zu sehen, welche die Militärkaste von der Macht verdrängen könnte. Doch die Geschichte ist niemals zu Ende, wie der Kollaps der Sowjetunion gezeigt hat. Bei aller Kontinuität, die der ägyptischen Geschichte eigen ist, hat deshalb auch das derzeitige Regime keine Garantie auf eine ewige Herrschaft.

So geschlossen sich dieses Regime zeigt, so unterschiedlich sind seine drei bisherigen Exponenten. Abdel Nasser prägte eine ganz andere Republik als nach ihm Anwar el-Sadat. Hosni Mubaraks Politik steht zwar der Sadats näher als der Nassers, aber sein Ägypten unterscheidet sich enorm von dem Land, das seine Vorgänger regierten. Man kann so weit gehen und von den drei ägyptischen Republiken sprechen, denn jeder Präsident hat mit seiner Machtfülle dem Land seinen persönlichen Stempel aufgedrückt. Gamal Abdel Nasser wollte sein Land mit Hilfe des Sozialismus modernisieren. Außenpolitisch wurde Ägypten zum Frontstaat gegen Israel. Anwar el-Sadat öffnete das Land zum Westen, vertrat das Prinzip der freien Marktwirtschaft, machte Frieden mit Israel, nahm dafür aber den Bruch mit der arabischen Welt in Kauf. Islamische Extremisten ermordeten ihn.

Der „Rais" Mubarak

Hosni Mubarak kam an die Macht, nachdem Anwar el-Sadat bei der jährlichen, an die Überschreitung des Suezkanals durch ägyptische Truppen im Jahre 1973 erinnernden Parade von Khaled al Istanbuli ermordet worden war. Damals, im Oktober 1981, schien die Republik, von Nasser sozialistisch und antiisraelisch ausgerichtet, von Sadat um 180 Grad auf marktwirtschaftlichen und pro-westlichen Kurs herumgeworfen, vor einer Zerreißprobe zu stehen. Hosni Mubarak galt als ein eher unscheinbarer Politiker. Sadat hatte ihn zu seinem Stellvertreter gemacht, weil er durch Mubarak in seiner unumschränkten Machtausübung nicht gefährdet werden würde. Doch der Übergang von Sadat zu Mubarak, von der zweiten zur dritten Republik, war fast problemlos.

Das lag auch daran, daß Sadat überhaupt einen Stellvertreter hatte. Mubarak hat auch nach mehr als zehn Jahren Amtszeit noch keinen bestimmt. Hosni Mubarak ist kein Revolutionär wie Nasser und kein Volkstribun wie Sadat. Seine Reden lassen die Ägypter eher gelangweilt über sich ergehen. Emotionen, positive oder negative, zieht er anders als seine Vorgänger nicht auf sich. Visionen bietet er den Ägyptern keine, und das ist ein Grund, warum er so wenig beliebt ist. Der Mangel an Entwürfen für eine große Zukunft mag zwar realistisch sein, denn die wirtschaftlichen Sorgen der Gegenwart werden dem Ägypter immer drängender; doch trotz Ruhe und Beständigkeit, die den Ägypter seit jeher auszeichnen, möchte auch er von seinem Rais, von seinem Führer gefühlsmäßig angesprochen werden. Hosni Mubaraks Republik ist arm an intellektueller Spannung und Kontroverse. „Mubarak leitete den Verkehr um", lautet eine Antwort, welche Ägypter auf die Frage nach den Leistungen Mubaraks im Vergleich zu den Erfolgen, die ihrer Meinung nach seine Vorgänger zu verzeichnen haben, bereit haben. Doch Mubarak, der so überraschend erster Mann in Ägypten geworden ist, hat Geschmack an der Macht gefunden. Der „Rais", der Führer, wie jeder Präsident auch genannt wird, regiert selbstbewußt, vielleicht sogar selbstherrlich. Sein Ansehen im Westen, und neuerdings auch in der arabischen Welt, ist groß, seine Reputation in Ägypten fällt im Vergleich dazu stark ab.

Die neuen Reichen

Hosni Mubarak hat die Aufgabe übernommen, Nassers Staatssozialismus und Sadats ökonomische Libertinage zu einem einigermaßen funktionierenden Ganzen zusammenzufügen. Die Lösung ist schwer, auch deshalb sucht Mubarak, wie andere Herrscher in ähnlichen Situationen, Erfolge auf außenpolitischem Feld. Die kann er immerhin reichlich vorweisen. Ägypten ist wieder politisches Zentrum der arabischen Welt. Doch die Symbiose zwischen der Staats- und der Privatwirtschaft, die Zähmung der Bürokratie, die schon lange kaum noch dem Land, sondern oft nur noch sich selber dient, ist ihm nicht gelungen. Eine offene intellektuelle

Konfrontation mit dem religiösen Extremismus scheut das Regime. Dominierend ist der Kampf mit geheimdienstlichen Mitteln. Der Ausnahmezustand, der nach Sadats Ermordung ausgerufen wurde, besteht noch immer. Mubarak läßt ihn regelmäßig verlängern. Die Zeit der dritten ägyptischen Republik müßte eine Zeitspanne der Reformen und der Innovationen sein. Davon ist sie weit entfernt. Viele Ägypter lavieren sich durch, solange es geht, ergeben sich in ihr Schicksal; für langfristigere Zukunftsplanung haben sie wenig Talent. Sie bitten lieber andere um Hilfe. Die kommt vom Westen reichlich, besonders nachdem Hosni Mubarak im zweiten Golfkrieg die „richtige" Entscheidung getroffen und sich auf die Seite der USA gestellt hat. Stabilität ist den ausländischen Geldgebern Ägyptens wichtig. Stabilität garantiert das derzeit herrschende Regime, die Integristen würden dagegen dem Westen nur neues Kopfzerbrechen bereiten. Deshalb werden die schlimmsten Löcher im sozialen Netz des Landes immer wieder mit ausländischem Geld notdürftig gestopft. Entscheidende Besserung bringen diese Subsidien jedoch nicht.

Dieses Geld, das seit Sadat ins Land fließt, hat viele Unbefugte reich gemacht – die Bauherren, die durch ausländische Aufträge zu Geld kommen, und die Kaufleute, die für die Vermittlung von Aufträgen „Kommissionen" einstreichen. Diese „fat cats", wie man sie seit Sadats Zeiten kennt, finden zusätzliche Einnahmen im Drogenhandel und auf dem Devisenschwarzmarkt. Die sozialen Unterschiede sind in Ägypten – typisches Merkmal eines jeden Entwicklungslandes – in den letzten zwei bis drei Jahrzehnten drastisch größer geworden. Auch der allmächtige Präsident, derzeit Hosni Mubarak, hat daran nichts geändert. Denn der Präsident braucht außerhalb des Militärs eine weitere Basis für seine Macht. Gewährenlassen ist bis zu einem gewissen Grad ein Mittel für den Machterhalt.

Dagegen könnten die wirtschaftlichen und persönlichen Tragödien, welche die untere Mittelklasse sowie die ganz Armen Ägyptens immer mehr heimsuchen, ganze Romane von Naguib Mahfuz füllen. Viele Frauen sind in Ägypten zwar in hohe Stellungen von Universitäten, Ministerien und Krankenhäusern gerückt. Hoda Shaarawi stand 1919 an der Spitze einer Demonstration, in der 300 Frauen gegen die britische Herrschaft protestierten. Es gab in den dreißiger Jahren Frauenrechtlerinnen in Ägypten, die den Schleier ablegten. Die Unterdrückung der Frau ist aus europäischer Sicht auf der Arabischen Halbinsel wesentlich ausgeprägter als in Ägypten. Frauen gehören in Ägypten, anders als in manchen Golfstaaten, überall zum Straßenbild – in schicke europäische Kleidung gehüllt ebenso wie in ihren schwarzen, knöchellangen Umhängen. In den Familien der Mittelschicht regieren Frauen oft unumschränkt, sie werden sozusagen zu Patriarchinnen, die besonders das Leben ihrer Söhne auch dann noch beeinflussen, wenn diese schon im Beruf und Eheleben stehen. Doch besonders in den armen Schichten ist die Frau der herkömmlichen Männerherrschaft oft schutzlos ausgeliefert. Mit den Lehren des Propheten, wie viele im Westen oft vorschnell argumentieren, hat diese Unterdrückung nur marginal zu tun. Sie hat allenfalls darin ihre Ursache, daß die Muslime des Propheten Wort nicht befolgen oder daß sich der Islam nur ungenügend von seinen Ursprüngen in der arabischen Stammesgesellschaft emanzipiert hat. Die sinnlose, schmerzhafte und gefährliche Beschneidung der Frau, die noch heute in den Armenvierteln Kairos unter Muslimen und Christen praktiziert wird, ist ein Mittel dieser Unterdrückung der Frau. Diese Beschneidung stammt aus dem afrikanischen, nicht aus dem islamischen Kulturkreis. Ein anderes ist die von der Frau geforderte Jungfräulichkeit. Sie ist eine Bedingung für die Ehe, unabhängig vom Vorleben des Mannes. Glaubt der Mann, ganz subjektiv, daß seine Frau diese Bedingung nicht erfüllt hat, kann er die Frau verstoßen. Diese wird dann auch von ihrer Großfamile geächtet. Bewiesen wird diese Jungfräulichkeit oft dadurch, daß der Brautvater triumphierend das blutige Bettlaken den Nachbarn zeigt, oder dadurch, daß eine speziell dafür angeheuerte Frau im Bereich des Bräutigams mit dem Finger die Jungfernhaut der Braut durchstößt.

Die Geschichte von Shams

Nehmen wir die Geschichte von Shams. Sie ist etwa 40 Jahre alt, genau weiß sie das nicht, geboren als Tochter einer Putzfrau und eines Hilfsarbeiters, die bei ihrer Hochzeit 17 bzw. 20 Jahre alt waren. Sie zeugten drei Söhne und zwei Töchter; aus finanziellen Erwägungen wurden die Töchter nicht zur Schule geschickt. Eltern und fünf Kinder lebten in einem Raum. Zum Geldverdienen wurde Shams mit acht Jahren in fremde Haushalte geschickt. Mit elf Jahren verheiratete man sie an einen Cousin ersten Grades, der einen Krämerladen besaß. Als Shams schwanger wurde – wie das geschah, wußte sie nicht, denn die seltsamen Annäherungsversuche ihres Mannes wußte sie nicht zu deuten –, schlug sie ihr Mann; Shams flüchtete zum Vater, der sie aber schon aus Geldmangel nicht aufnehmen wollte. Als das Kind ein Sohn wurde, war ihr Mann stolz auf Shams und nahm sie gnädig wieder auf. Inzwischen hatte ihr Mann aber mit dem Arbeiten aufgehört, weil er Verkäufer eingestellt hatte. Andere Frauen wurden ins Haus gebracht, wiederum wurde Shams geschlagen. Shams wurde dennoch wieder schwanger.

Die Leidensgeschichte setzte sich fort – bis zur Scheidung und bis zur zweiten, ebenfalls von der Familie erzwungenen Heirat. Damals war Shams etwas mehr als 20 Jahre alt. Zu den zwei Kindern aus erster Ehe kamen vier aus der neuen Verbindung. Doch Shams war ihrem zweiten Mann nicht genug. Heimlich heiratete er im Delta eine zweite Frau, welche später, bei der Geburt ihrer vierten Tochter, starb. Dreimal sind Shams und ihr zweiter Mann inzwischen geschieden, zweimal haben sie wieder geheiratet, die dritte Scheidung will ein berühmter islamischer Prediger Kairos ungültig machen. Denn Shams sagt, daß sie ihren zweiten Mann trotz allem liebe. Und der Mann möchte zu Shams zurück. Der aber hat seine recht gut bezahlte Arbeit als Kleinbusfahrer aufgegeben; er wollte via Jordanien heimlich nach Saudi-Arabien gehen, um dort mehr zu verdienen, wurde an der Grenze aufgegriffen, sitzt erst einmal im Gefängnis und hat den nicht enden wollenden Familientragödien so eine weitere hinzugefügt. Shams putzt inzwischen für Ausländer, die ihr ein für ägyptische Verhältnisse fürstliches Einkommen zahlen. Am Freitag, dem muslimischen Sonntag, kocht sie für Ägypter, um sich noch einmal ein Zubrot zu verdienen. So tragisch, so typisch ägyptisch ihr Schicksal ist, zu den wirklich Armen gehört Shams nicht. Nun soll die älteste Tochter nach dem Abitur noch studieren, „damit sie es einmal besser hat". Ein solcher Lebenswille ist – vielleicht im Gegensatz zu Europa – typisch für viele ägyptische „Arme", die allen gesellschaftlichen Unbilden zum Trotz weiterkämpfen.

Die ganz Armen findet man anderswo – etwa in den Slums der Kairoer Stadtteile Shubra al-Kheima, Imbaba und Boulak. Das sind Gegenden, in welche Touristen nicht geführt und in denen in Kairo lebende Ausländer von den Behörden nur ungern gesehen werden. In einem Loch, so muß man es nennen, im Stadtteil Boulak treffen wir Marianne. Käme der Präsident, der Pharao, auf einer seiner raren Stippvisiten, die er seinem Volk abstattet, hierher – man könnte kein Potemkinsches Dorf mehr errichten, wie das sonst geschieht, wenn Hosni Mubarak reist. Dann wird vorher alles so schön hergerichtet, daß es dem Präsidenten auch zumutbar ist.

Hier im Loch, wo Marianne haust, wäre nichts zu renovieren. Keine Farbe würde den Dreck abdecken, keine Toilette hätte Platz, eine Wasserleitung wäre nicht zu legen, und auch keine elektrischen Leitungen. Marianne, Witwe, von fast allen verlassen, hockt einfach in einem vielleicht vier Quadratmeter engen, dunklen Loch, in dem man den Dreck nur deshalb kaum sieht, weil die Petroleumfunzel so wenig Licht abgibt. Marianne lebt von Almosen. Kein Sozialministerium kümmert sich um sie, keine Großfamilie nimmt sie bei sich auf. Nur Madame Ansaf, die ein soziales Zentrum der Presbyterianischen Kirche leitet, kommt regelmäßig. In anderen Stadtteilen helfen koptische Institutionen und „die Moschee", sofern diese ihrem früheren Zweck, religiöses und soziales Zentrum der islamischen Gemeinschaft zu sein, nachkommt. Mariannes Schicksal ist extrem, aber kein Einzelfall.

Nur wenigen geht es besser in Boulak. Jihane zum Beispiel haust mit ihrem Bruder in einem etwas größeren, helleren Zimmer. Sie ist geisteskrank geworden, nachdem ihr Mann sie ständig auf den Kopf geschlagen hat. Und Manal mußte fünfzehn Jahre im Gefängnis sitzen. Ihr Mann hatte vergeblich versucht, sie zu verstoßen. Da tat er ihr Drogen in den Einkaufskorb und alarmierte die Polizei, welche sie umgehend verhaftete.

Freilich, nicht überall, wo Kairo schmutzig ist, herrscht Armut. Viele vom Lande Zugereiste ändern ihren Lebensstil schon deshalb nicht, weil keine Behörde sie dazu anhält. Dennoch geht es ihnen materiell oft besser als im Niltal oder im Delta. Nicht alle Gebiete von Imbaba, Schubra el Kheima und Boulak sind Slums. Und viele Ägypter finden Arbeitsplätze, welche durch ausländische Investitionen, etwa in gemeinsame ausländisch-ägyptische Firmen, fließen („Joint Venture"). Und viele Ägypter wurschteln sich einfach wie seit eh und je durch – geduldig, leidend, dem Schicksal ergeben, nichts anderes kennend, Fremden gegenüber meistens freundlich.

Das akademische Proletariat

Seitdem Abdel Nasser jedem Hochschulabsolventen eine Anstellung beim Staat versprochen hat, wird Ägypten mehr und mehr von einem akademischen Proletariat verwaltet und erzogen. Dem Unsinn einer solchen Beschäftigungsgarantie versucht Hosni Mubarak dadurch zu begegnen, daß er für die Einstellung in den Staatsdienst eine siebenjährige Wartefrist verordnet hat. Doch ganz aufzuheben wagt er die Regelung nicht. Ebensowenig hebt er die totale Mietpreisbindung auf, welche für jene besteht, die schon immer in einer Wohnung wohnten. So kommt es, daß die meisten Häuser verfallen, weil die Mieten nicht einmal dazu reichen, die Wartung der Fahrstühle zu garantieren. Freilich wären höhere Mieten von kaum jemandem aufzubringen. Die Wirtschaft arbeitet so unproduktiv, daß höhere Löhne und Gehälter sie vollends in den Ruin treiben würde. Entsprechend niedrig sind die dem Staat zufließenden Steuern. So beginnen Ministerialbeamte, Lehrer, Ärzte beim Staat mit einem Grundgehalt von etwa sechzig oder siebzig Pfund, das sind maximal dreißig bis siebenunddreißig Mark pro Monat. Diese Summe reicht nicht einmal für den Transport zum Arbeitsplatz, für Frühstück und den unabdingbaren Tee oder Kaffee. An Hochzeit zu denken, ist in dieser Lage ein kühner Traum. Wohnungen sind für diese Menschen unerschwinglich teuer. Ein Zweitjob als Taxifahrer oder eine dritte Verdienstmöglichkeit als Handwerker müssen das pure Überleben sichern. Auch hier versagt die Großfamilie immer mehr. Wo ihre einzelnen Mitglieder auf der sozialen Leiter ständig abwärts steigen, verlieren sie die Möglichkeit zu finanziellem familiären Beistand. Ein staatlich organisiertes soziales Sicherungsnetz gibt es indessen nicht.

Abdel Meguid, damals stellvertretender Ministerpräsident für Wirtschaft, erklärte 1981, daß Ägypter 44 Prozent ihrer Zeit schlafend, 36 Prozent der Zeit fernsehend, 16 Prozent reisend, aber nur vier Prozent ihrer Zeit arbeitend verbringen. Dabei ist der Ägypter arbeitswillig wie jeder andere, nur ist die Arbeit in Ägypten entweder nicht vorhanden, oder sie ist schlecht organisiert, unproduktiv und daher mager bezahlt. Die Lehrer gehören zu jenen, die sich noch am ehesten zu helfen wissen. Ohne teure Nachhilfestunden bei eben jenem Lehrer, der auch den Schulunterricht gibt, kann kein Schüler Examen machen. Im Schulalltag wird der vom Ministerium geforderte Stoff so mangelhaft gelehrt, daß Nach-Hilfe essentiell wird. Weigert sich ein Schüler und lernt selbständig, hilft ihm das nichts. Der Lehrer lebt von den Einnahmen aus den Privatstunden. Ohne sie läßt er den Schüler durchfallen. Man kann von gelungener Selbsthilfe reden, für Eltern und Schüler gleicht solches Handeln eher einer staatlich stillschweigend sanktionierten Erpressung. „Man könnte behaupten", schreibt Anthony McDermott ironisch, „daß die Revolution – wenn es das war, was 1952 geschah – an den Beamten ebenso vorbeigelaufen ist wie an den Fellachen."

Eine wirkliche Revolution gegen Armut und Korruption und für eine angemessene Arbeit ist aber kaum zu erwarten. „Revolution" entstammt einem europäischen, dem Orient eher fremden Gedanken- und Handlungskonzept. „Revolution" widerspräche zudem der durch Jahrtausende geprägten Lebensauffassung des

Ägypters. Veränderung durch Machtwechsel – diese Idee faßt in arabischen Gesellschaften erst langsam Fuß. Die Ärmsten Ägyptens haben zudem keine Kraft zur Revolte. Jene, die finanziell ein wenig über ihnen stehen, sind mit dem Kampf gegen die Schwierigkeiten des Alltags voll beschäftigt. Eine gewisse, islamischen Gesellschaften zugeschriebene Ergebenheit in ein für unveränderlich gehaltenes Schicksal mag die Lethargie fördern.

Eine Wende im Leben des Fellachen?

Armut hat es in Ägypten allerdings immer gegeben. Es wäre verfehlt, ihre Ursache nur in der Politik der gegenwärtigen Pharaonen-Dynastie zu sehen. Der Fellache, zum Beispiel, war nie sehr reich. Heute muß er aus dem übervölkerten Niltal immer öfter in die großen Städte gehen, um als Tagelöhner zu überleben. Die Städte verlieren durch diese bäuerliche Zuwanderung ihre Rolle als im europäischen Sinne urbane Zentren.

Doch die vom Lande zugewanderten Fellachen, die so zu „Bürgern" werden, sind stolz auf ihren Ursprung. Ägypter fragen sich oft nach ihrer „Herkunft" und meinen damit die Stadt oder das Dorf, das sie im Delta oder in Oberägypten verlassen haben. Diese gemeinsame bäuerliche Herkunft verbindet auch noch in der Anonymität der Stadt, die Stadt wird „dörflicher", der Ägypter sieht sich dann als Fellache. Das aller widerspricht dem gängigen Vorurteil, das Ausländer und die alteingesessenen Städter gegen die Fellachen hegen und das der K. u. K. Konsul a. D. Theodor Neumann 1893 niederschrieb: der Fellache sei „ziemlich faul", arbeite nur, „wenn ihm ein größerer Gewinn" winke, und im übrigen sei er „verschlossen und lügnerisch infolge einer langen Knechtschaft". Eher ist das Gegenteil richtig. Viele sehen den Fellachen im Gegensatz zur ursprünglichen Stadtbevölkerung als ehrlich, hilfsbereit, aber auch als stolz an.

Heute sieht der Fellache, der im Niltal geblieben ist, seine Lebensgrundlage immer mehr eingeengt. Seitdem die große Nilflut durch den Assuandamm ausbleibt, kann er zwar mehrere Ernten im Jahr einfahren. Aber immer mehr Fruchtland wird bebaut, sein Besitz wird durch Erbteilung immer kleiner. Und erstmals in seiner Geschichte muß er sich auf Wanderschaft begeben, um sein Brot zu verdienen. Eine Million Fellachen will Hosni Mubarak seinem westlichen Nachbarn, Muammar el Khadhafi, schicken, damit sie dort mit neu erschlossenen Wasserreserven aus Wüste Ackerland machen. Eine Million Fellachen verdingten sich bereits im Irak, wo sie vom Despoten Saddam Hussein geknechtet wurden. Einige von ihnen kamen nur im Sarg ins Niltal zurück, so sehr hatten die Schergen Saddam Husseins gewütet. Ein Aufschrei ging durch Ägypten – ein fremder Pharao hatte sich an jenen vergriffen, die sonst auch im eigenen Land nichts gelten.

Viele Fellachen arbeiteten in Kuwait und Saudi-Arabien. Von dort haben sie Geld an die Familie zu Haus geschickt. Von dort haben sie aber auch neuen Wohlstand in Form von Fernseh- und Videogeräten mitgebracht. Bis spät in die Nacht läßt sich der Fellache in seiner elenden Hütte am Nil nun oft von seinen neuzeitlichen Errungenschaften unterhalten. Am nächsten Morgen sinkt seine Arbeitskraft und mit ihr die Produktivität seiner Wirtschaft. Für Ägypten, das sich früher fast selbst ernähren konnte, heute aber einen großen Teil seiner Lebensmittel einführt, ist das ein ernsthaftes Problem. Für den Bauern ist dies ein persönlicher Nachteil. Immer weniger baut er Pflanzen an, mit denen er sich selber ernähren kann. Immer mehr muß er deshalb teuer auf dem Markt einkaufen. Immer mehr entfremdet er sich seinem Acker.

Immer mehr aber wird das ägyptische Fellache-Pharao-Syndrom zu einer Belastung für das Land. Wenn es sein muß, ist der Ägypter unterwürfig bis zur Selbstverleugnung: „Ya Bey", „Ya Bascha", „Ya Rais" – „Mein Gebieter", „Mein Pascha", „Mein Führer". Wegen dieser dienernden Anbiederungen ist der Ägypter in der Arabischen Welt, zum Beispiel bei selbstbewußten, gut ausgebildeten Palästinensern nicht gerade beliebt. Kommt ein Ägypter aber in eine führende Stellung, dann ist er oft versucht, den Pharao herauszukehren und selbstherrlich zu bestimmen. Vertritt ein Schüler nicht die Meinung des Lehrers, wagt er vielmehr einen eigenen, selbständigen Gedanken, werden die Eltern für diese Unbotmäßigkeit zum Lehrer zitiert und getadelt. So werden schon in der Schule die Grundlagen für das Herr-Diener-Verhältnis gelegt.

Ägypten hat fast zwei Jahrhunderte der Konfrontation und Begegnung mit Europa hinter sich. Europäische Lebensformen gelten vielen als nachahmungswürdig. Untereinander kritisiert man mehr und mehr die gesellschaftlichen Zwänge, durch die das Leben in Ägypten eingeengt ist. Nicht alle diese Zwänge sind durch den versteinerten Islam zu erklären. Die prüde Sexualmoral, die Gepflogenheit, Tausende von Pfund für eine angeblich standesgemäße Hochzeit der Kinder auszugeben und sich dabei oft hoch zu verschulden, die Unterwürfigkeit gegenüber der Obrigkeit haben nicht im Islam ihre Ursache. Sie sind vielmehr Beleg für die Existenz einer seit jeher autoritär regierten und in sich autoritär strukturierten Gesellschaft, die am ehesten vielleicht mit der wilhelminischen Epoche des ausgehenden 19. Jahrhunderts zu vergleichen ist, in der das „Kaiser-Untertan-Syndrom" die Menschen in Deutschland ähnlich stark bestimmte. Freilich ist der Ägypter schon immer vom Mißtrauen gegen die (früher oft aus dem Ausland stammenden) Herrschenden geprägt. Das hat seinen Stolz, Ägypter zu sein, vergrößert, ihn immer wieder veranlaßt, Zuflucht in der Familie zu suchen, und es hat ihn gleichzeitig daran gehindert, Interesse für öffentliche Angelegenheiten zu entwickeln oder gar ein soziales Empfinden für Menschen außerhalb der Familie zu zeigen. Hier kann der Islam ein positives Regulativ sein. Ist der Ägypter gläubiger und handelnder Muslim, wird er reichlich „Zaka", die Spende für die Armen geben.

Derzeit deutet nichts daraufhin, daß das politische Leben Ägyptens „demokratisiert" würde oder daß sich die Familienbande lokkerten. Nicht alles muß freilich an europäischem Maß gemessen werden. Die Auflösung der engen Familienbindungen hat den Europäern nicht nur Segen gebracht.

Viertes Kapitel

Wasser – Mangelware des Nahen Ostens

Mit Öl kann man Autos und Flugzeuge betreiben, man kann Häuser heizen, aus Öl lassen sich chemische Produkte entwickeln, Öl ist der Grundstoff der Industriegesellschaft, Öl war den Amerikanern einen Krieg wert. Sie wollten nicht dulden, daß Saddam Hussein im Besitz der kuwaitischen Ölquellen den Welt-Ölpreis bestimmte. Deshalb dürfen die Sabahs heute wieder in Kuwait herrschen. Öl kann man aber nicht trinken, man kann sich mit Öl nicht säubern, und zur Bewässerung von Feldern ist Öl auch nicht geeignet. Wasser aber, die „alles entscheidende geographische Determinante in der menschlichen Geschichte Arabiens" (Cambridge History of Islam, siehe auch Kapitel I), ist im ölreichen Nahen Osten rar. Die Hochkulturen an Nil, Euphrat und Tigris wurden möglich durch einen relativen Wasserreichtum. Die Zivilisation der Sabäer im Jemen hatte ihre Grundlage in einem fein ersonnenen Bewässerungssystem. Die von den Golf-Arabern aus dem Westen importierte Zivilisation funktioniert dagegen nur, weil mit dem Petrodollar riesige Anlagen zu finanzieren sind, in denen aus Meerwasser – unter Beimischung von normalem Quellwasser – Trinkwasser gemacht wird. Schon die Pharaonen hielten bei Assuan ihre Wacht am Nil, damit die südlichen Anrainer ihnen nicht ihre Lebensader, das Nilwasser, abgruben. Wenn Ägypten noch einmal in den Krieg ziehen würde, wäre es um des Wassers willen, sagte Anwar el-Sadat einst.

Syrien und der Irak blicken nach Norden, wo die mächtige Türkei jederzeit in der Lage ist, die nach Süden fließenden Wassermassen von Euphrat und Tigris zu drosseln. Kuwait blickt ebenfalls zur Türkei, aus der es via Pipeline Trinkwasser erhofft. Denn bohrt man in Kuwait, findet man zwar schnell Öl, nicht aber Wasser. Solange aber Saddam Hussein regiert, wird er einen türkisch-kuwaitischen Wasserhandel unterbinden. Israel will das Westjordanland auch deshalb behalten, weil es aus vielen der dortigen Quellen Wasser für sich selbst pumpt. „Jeder arabische oder israelische Führer, der das Problem (des Wassers) vernachlässigt, verurteilt sein Volk zu einem langsamen und qualvollen Tod", sagt, vielleicht etwas dramatisierend, Richard Armitage, ein Beamter der amerikanischen Regierung, der von Präsident Bush sozusagen zum „Wasserbeauftragten" für den Nahen Osten ernannt wurde. Der Streit um das Wasser kann eines Tages den Streit um das Öl ablösen. Schon im Herbst 1990 wurde eine in der Türkei geplante Regionalkonferenz über die Wasserversorgung abgesagt, weil Syrien nicht mit Israel an einem Tisch sitzen wollte. Arabische Regierungen tun vieles, um auch in Zukunft die Versorgung mit Wasser zu sichern. Fachleuchte sagen dennoch für den Beginn des nächsten Jahrzehntes einen empfindlichen Wassermangel voraus.

Denkmäler für eine neue Gesellschaft

Auf dem Assuan-Damm in Ägypten: Der Ausblick gibt Anlaß für allerlei geschichtliche Betrachtungen. Ein paar hundert Meter im Norden liegt der erste, im Jahre 1902 von den Briten erbaute Assuan-Damm. Dahinter erkennt man den ersten Katarakt, die erste Stromschnelle des Nils. Numeriert worden sind diese Untiefen bezeichnenderweise nicht von Süd nach Nord, dem Flußlauf folgend, sondern in Gegenrichtung von Nord nach Süd, aus jener Richtung, aus der die ersten neugierigen Einzeltouristen, Abenteurer und Intellektuellen kamen. Einer der berühmtesten war der Grieche Herodot, der im Jahre 450 vor unserer Zeitrechnung stromaufwärts reiste. Von ihm stammt der Satz, Ägypten sei ein Geschenk des Nils.

Im Süden liegen die pharaonischen Tempel von Halabscha und Phile. Allerdings mußten sie ihre ursprünglichen Standorte verlassen. Sie wichen einer sich schier ins Unermeßliche dehnenden Wasserwüste. Wasser für Jahrzehnte, Wasser für Millionen sollte der Sadd al-Ali, der 1970 fertiggestellte Hochdamm von Assuan bringen. Hat sich Gamal Abdel Nassers Traum erfüllt, der mit diesem Monument sein Volk aus der Rückständigkeit, sein Land aus der Abhängigkeit führen und der sich selber mit dem Damm ein zeitgemäßes, gleichwohl pharaonisches Denkmal setzen wollte? Etwa 150 Kilometer weiter im Süden, bei den Felsentempeln von Abu Simbel. Der Kunstsee, Nassersee genannt, erscheint hier noch größer. Über 72 Milliarden Kubikmeter Wasser fließen dem See pro Jahr zu. 300 Kilometer ist er lang, 164 Milliarden Kubikmeter ist sein Fassungsvermögen. Wassermangel?

Tatsache ist: Die Wassermenge des Nils wird in den nächsten Jahren eher abnehmen. Die ägyptische Bevölkerung indessen wächst – um etwa 2,2 Prozent im Jahr, in absoluten Zahlen gerechnet um etwa 1,6 Millionen Menschen alle zwölf Monate. Es wird immer weniger Wasser für immer mehr Menschen geben. Die bis zum Jahre 2100 zu erwartenden Bevölkerungszahlen sehen in der Tat dramatisch aus, zumindest dann, wenn man die gegenwärtigen Zuwachszahlen zugrunde legt. Die Bevölkerung der Region (einschließlich Israels, des Irans, der Türkei, der Maghrebstaaten und des Tschad) wird dann von jetzt etwa 300 Millionen Menschen auf etwa 900 Millionen Menschen angewachsen sein. Jordaniens relativ kleine Bevölkerung von jetzt knapp vier Millionen verdoppelt sich bei einer Geburtenrate von 3,5 Prozent in zwei Jahrzehnten. Die Bevölkerung der Türkei (etwa 55 Millionen) wächst wie die Ägyptens um etwa 1,6 Millionen im Jahr. Die Bevölkerung des Iran wird voraussichtlich von jetzt etwa 48 Millionen auf 163 Millionen steigen, Libyen wird 18,4 Millionen statt 3,9 Millionen zählen, und Saudi-Arabien wird von etwa elf Millionen auf 54 Millionen Menschen wachsen. Sie zu ernähren wird – so denn die Vorhersagen eintreffen – das Problem des kommenden Jahrhunderts im Nahen Osten sein.

Am Assad-Stausee in Syrien. Wie der ägyptische Herrscher Nasser, hat sich auch der syrische Despot Hafis al-Assad mit einem Staudamm schon zu Lebzeiten ein Denkmal gesetzt. Die hier durch den Tabqa-Damm über eine Strecke von 80 Kilometern gestauten Wasser des Euphrat (maximales Fassungsvermögen 11,9 Milliarden Kubikmeter) sind nicht nur die Grundlage für die Trinkwasserversorgung und die Bewässerung von Wüstenland (640 000 Hektar sind geplant). Auch dieser Damm soll, wie seine

Erbauer sagen, „die Grundlage einer neuen und entwickelten Gesellschaft" sein, die auf „sozialer Gerechtigkeit" beruhe. Trotzdem droht Syrien Wassermangel. In den Sommermonaten werden in Teilen von Damaskus und in anderen Städten zeitweise die Wasserleitungen geschlossen. Syrien und der Irak sind von den Wassern des Euphrat und des Tigris abhängig. Beide entspringen in der Türkei. Die hat auf ihrem Gebiet riesige Stauseen gebaut, um ihre wachsende Bevölkerung versorgen zu können. Die Wassermenge, die noch von der Türkei nach Süden fließt, hängt vom guten Willen der Türken, vom Verhandlungsgeschick ihrer südlichen Nachbarn ab – oder auch vom Krieg als ultima ratio.

Libyen, südlich der Hafenstadt Benghazi. Eine riesige Pipeline ist gebaut worden, die aus dem Untergrund bei Kufra im Dreiländereck Ägypten-Libyen-Sudan Wasser bis in die Küstenregion transportieren soll, mit dem Muammar al-Khadhafi dort die Wüste bewässern will. „The Great Man Made River" – den „Großen, von Menschenhand gebauten Fluß" nennt Khadhafi sein Wasser-Werk, welches mindestens 30 Milliarden Dollar gekostet hat. Wie die Dämme an Nil und Euphrat soll auch die Pipeline von Libyen die Menschen in eine gesicherte und bessere Zukunft führen (eine Million Fellachen aus dem übervölkerten Ägypten sollen hier eine neue Heimat finden). Zugleich soll der große Fluß seinem Erbauer ein Denkmal setzen – wie die Dämme an Nil und Euphrat.

Doch mehr als Abdel Nasser und Hafis al-Assad fordert Muammer al-Khadhafi die Natur heraus. Dem Niltal fehlt seit dem Bau des Hochdamms der fruchtbare Schlamm. Aber es kommt immerhin noch reichlich Wasser. Ägypten schöpft sein Wasser weiterhin aus der fast unerschöpflichen Quelle des Nils. Khadafi indessen zapft in Libyen nicht ersetzbares fossiles Grundwasser an.

Vergeudung eines Rohstoffes

Saudi-Arabien, in der Nähe des Ortes Al-Karj, südöstlich von Riad. Aus tiefen, unterirdischen Brunnen saugen die Saudis Grundwasser, bewässern über langsam kreisende Sprüharme runde Felder, welche jeweils einen Durchmessen von 500 Metern haben. Eine große Menge Wassers verdunstet in der Hitze der Wüste. Mehrere Tausend auf solch verschwenderische Weise nutzbar gemachte Flächen gibt es im Königreich. Bis zu 180 Metern Tiefe sind manche Wasser-Bohrungen bereits getrieben. Überwiegend wird Weizen angebaut. Seine Produktionskosten liegen um ein Vielfaches über dem Weltmarktpreis. Doch die Saudis können sich solche Verschwendung leisten; weil sie – noch – über viel Geld aus dem Verkauf eines anderen Rohstoffes verfügen: Ihre teure Landwirtschaft finanzieren sie mit Petro-Dollars. Doch wie lange wird das Öl reichen? Und wichtiger: Wird das Wasser, das, wie in Libyen, aus nicht oder nicht schnell erneuerbaren Vorräten gewonnen wird, früher zur Neige gehen als das Öl?

In Palästina, im israelisch besetzten Westjordanland. Kein Damm, keine Pipeline, keine Sprühanlagen, und doch: Wasser, oder doch die Furcht vor dem Wassermangel der Zukunft ist ein Beweggrund der israelischen Besetzung. Israel schöpft sein Wasser zum Teil aus dem besetzten Westjordanland. Im Herbst 1990 war der Wasserspiegel des Sees Genezareth soweit abgesunken, daß weitere Wasserentnahme den See ökologisch geschädigt hätte. Auch im Westjordanland sinkt der Grundwasserspiegel so sehr, daß Versalzung durch einsickerndes Meerwasser droht. Hunderttausende von sowjetischen Juden, die nach Israel einwandern, stellen eine neue Belastung für den Wasserhaushalts Israels dar.

Die Flußsysteme Arabiens

Wer das Wasser hat, hat die Macht, und das Wasser hat, wer an der Quelle sitzt. Von den Flußsystemen, die der arabischen Welt das Wasser bringen, entspringt nur das kleinste, das Yarmuk-Jordan-System, auf arabischem Territorium. Der Nil, welcher 56 Millionen Ägyptern das Leben spendet, kommt aus Schwarz-Afrika: 60 Prozent der Wassermassen hinter dem Hochdamm von Assuan kommen mit dem Blauen Nil aus Äthiopien, 27 Prozent mit dem Weißen Nil aus dem Viktoria-See in Tanzania. Im Sudan bei Khartum fließen beide zusammen. Pharaonen der Vorzeit und

Präsidenten von heute meinten die Sicherung der ägyptischen Wasserzufuhr, wenn sie von der „Einheit des Niltals" sprechen.

Auch das zweite große Flußsystem, das die arabische Welt ernährt, hat seinen Ursprung außerhalb Arabiens: Euphrat und Tigris, die das historische Zweistromland bilden und die den Arabern die ökonomische Basis für ihre erste und bisher letzte Hochkultur (die abbassidische) gaben, entspringen in der Türkei. Die aber, klagen manche arabische Politiker, sei dabei, dem alten Kulturland buchstäblich das Wasser abzugraben. Durch das „Südost-Anatolische Bewässerungsprojekt" sollen gut zwei Millionen Hektar Land zur Bewässerung vorbereitet werden, dreißig Milliarden Kilowatt Strom will die Türkei zusätzlich durch den 1974 fertiggestellten Keban-Damm, durch den 1987 vollendeten Karakaya-Damm und durch den riesigen Atatürk-Damm produzieren. Das gesamte Projekt soll in der Südost-Türkei 1,6 Millionen Arbeitsplätze, vornehmlich in der Landwirtschaft schaffen.

Die flußabwärts liegenden Staaten sind alles andere als begeistert. Müssen sie um ihr Wasser fürchten? Sogar in schlechten Zeiten fließen, nach offiziellen türkischen Angaben, immer 800 Kubikmeter Wasser pro Sekunde über die türkische Grenze nach Syrien. Für die Zeit nach Fertigstellung des Atatürk-Dammes will die Türkei den verfeindeten südlichen Anrainern Syren und dem Irak, lediglich eine Menge von 500 Kubikmetern garantieren. Der Irak braucht große Mengen Wassers für die Bewässerung Mesopotamiens.

Wasser für die Golfaraber

Die Staaten am Golf beziehen ihr Wasser teilweise aus Meerwasser-Entsalzungsanlagen. Riad etwa ist durch eine Wasserpipeline mit dem Persischen Golf verbunden. Diese teuren Anlagen können aber vermutlich nur so lange finanziert werden, wie das Ölgeld reicht. Schon heute werden auch am Golf Wasserreserven über Gebühr angezapft, die nicht erneuerbar sind. Das, was Geologen den „Dammam-Aquifer", nennen, die Dammam-Wasserader, wird nach Schätzungen von Fachleuten in ein bis eineinhalb Jahrzehnten erschöpft sein, sofern die gegenwärtig unverantwortlich hohe Ausbeutung nicht reduziert wird. Diese unterirdische Wasserader zieht sich von Kuwait durch Saudi-Arabien, durch Bahrain, Qatar, die Emirate nach Oman. Wasser, das sich hier über Millionen von Jahren angesammelt hat, ist durch die Ankunft der technischen Zivilisation am Golf innerhalb weniger Jahrzehnte zu einem großen Teil verbraucht worden.

„Laßt nicht einmal einen Tropfen Regenwasser ins Meer abfließen, ohne daß er dem Menschen nutzt." Diese östliche Weisheit aus dem 12. Jahrhundert ist Basis für die „hydraulische Gsellschaft", wie der Wissenschaftler Karl Wittvogel sie genannt hat, und sie ist Basis für eine besonders grausame Form der Machtausübung: Die begrenzten Wasservorräte in den Wüstengebieten hätten, sagt jedenfalls Wittvogel, eine so strikte staatliche Kontrolle des Wasserverbrauches notwendig gemacht, daß aus dieser obrigkeitlichen Machtfülle ein „Staat, stärker als die Gesellschaft", mithin die Herrschaftsform der „orientalischen Despotie" entstanden sei.

Die These ist heute mehr als umstritten. Aber daß „der Staat" – zum Beispiel am Nil – jedes Jahr aufs neue an den vielen Nilometern durch seine Beamten den Höchstwasserstand ablesen ließ und danach die Ernteerträge voraussagte, ist unumstritten. Auch Despoten gibt es im Orient genügend. Sie bekämpfen sich ohnedies allenthalben. „Nirgendwo", schreibt Sandra Postel vom World-Watch-Institute", „nirgendwo sind die über Wasser entstehenden Konflikte so leicht entzündbar wie im Nahen Osten." Wo der israelisch-arabische, der syrisch-irakische, der irakisch-arabische, der arabisch-iranische, der iranisch-saudische, wo der libanesische Konflikt, wo Todfeindschaften zwischen Diktatoren jederzeit zu regionalen Eruptionen führen können, sind auch bewaffnete Konflikte um das Wasser jederzeit denkbar. Schon die bisherige Geschichte ist voll von ihnen.

Konflikte?

Beispiel Jordanien. Im Jahre 1951 schlug der amerikanische Wasserexperte Mills Bunger den Bau eines Dammes an jenem Punkt vor, an dem der Yarmuk aus vielen kleinen Zuläufen entsteht. Erstes Ziel des Dammbaus: Land sollte bewässert werden für die Ansiedlung palästinensischer Flüchtlinge. Die Israelis protestierten in Washington, der Damm wurde nicht gebaut. Später gruben die Jordanier parallel zum Jordan den Ost-Ghor-Kanal. Sie bewässern damit das gesamte Gebiet am östlichen Ufer des Jordan. Inzwischen ist der Wassermangel so groß geworden, daß Syrer und Jordanier tatsächlich damit beginnen, den Yarmuk zu stauen. Offiziell wurde Israel nicht gefragt, aber es ist unwahrscheinlich, daß es zwischen den drei Staaten keine Absprache über die Nutzung des Wassers gegeben hat.

Dem arabisch-israelischen Krieg von 1967 ging auch ein Disput über das Wasser voraus, wiewohl dieser Krieg *noch* kein Krieg ums Wasser war. Die Israelis beabsichtigten, einige Zuflüsse des Jordan abzuleiten. Das brachte die Araber auf den Plan, die ihrerseits Konzepte für eine „arabische" Nutzung des Wassers ausarbeiten. Auch gründeten sie ein gemeinsames Militärkommando, das u. a. die Aufgabe hatte, die in Aussicht genommenen Bauarbeiten zu sichern. Zuvor hatten die Araber den amerikanischen „Johnston-Plan" abgelehnt. In diesem Plan war eine gemeinsame Nutzung des Jordanwassers durch Araber und Israelis und eine Ansiedlung palästinensischer Flüchtlinge im Jordantal vorgesehen.

Beispiel Türkei: Die Situation zwischen den drei Euphrat-Anrainern Türkei, Syrien und dem Irak entbehrt nicht der Brisanz. Die Türkei sitzt zwar an der Quelle des Wassers. Aber die Syrer können den Türken die Freude daran leicht verderben, indem sie die ohnehin von Zeit zu Zeit rebellierenden Kurden gegen die Regierung in Ankara aufstacheln. Beispiel Syrien: Politisch prekär kann die Lage auch flußabwärts werden. Syrien und der Irak kämpfen um die Vorherrschaft in der Region. Der Irak hat mehr Öl als Syrien, aber Syrien könnte dem Euphrat so viel Wasser entnehmen, daß für den Irak nur wenig übrig bliebe. Beispiel Äthiopien: Das Land hat den Nilwasservertrag von 1902 gekündigt, der es ihm verbietet, den Blauen Nil zu stauen. Verwirklicht Äthiopien lang gehegte Dammbau-Pläne, kann die an der sudanesisch-ägyptischen Grenze ankommende, den Ägyptern vertraglich zustehende Wassermenge um fünf Milliarden Kubikmeter pro

Jahr absinken. Schließlich das Beispiel Sudan: Seit langem haben Ägypten und der Sudan den Bau des Jonglei-Kanals vereinbart. Er soll den Lauf des Nils verkürzen und verhindern, daß, wie bisher, in den Nilsümpfen jährlich etwa 134 Milliarden Kubikmeter Wasser versickern. Doch der rebellische, vornehmlich christliche Süd-Sudan protestiert gegen den vermeintlich vom islamischen Norden oktroyierten Plan.

Kriege sind vermeidbar

Doch weder der Krieg ums Wasser, noch eine mit Wassermangel einhergehende Hungersnot sind unausweichlich. Es gibt ermutigende Beispiele dafür, wie sich die Nutzung der Mangelware Wasser friedlich organisieren läßt. Der Sudan, Äthiopien, Ägypten, Uganda, Kenia, Tanzania, Ruanda und Burundi liegen im Einzugsbereich des Nils. Flüsse, die das Gebiet mehrerer Staaten durchfließen, gelten dem Völkerrecht entsprechend als internationale Binnengewässer. Nach diesen Bestimmungen darf kein Staat den natürlichen Lauf eines Flusses ändern, sofern dies die anderen Staaten benachteiligen würde. Bisher haben sich alle jene Länder, welche das Nilwasser benutzen, immer wieder friedlich geeinigt.

Die Geschichte ist freilich auch voller Katastrophen. Im Jahre 575 n. Chr. brach im Jemen der heute legendäre Staudamm von Marib, den viele das achte Weltwunder der Antike genannt hatten. Mit ihm ging eine alte, damals allerdings bereits darniederliegende Kultur, die der Sabäer, endgültig zugrunde. Erst jetzt, 1300 Jahre später, haben die Jemeniten begonnen, an der Stelle des historischen Dammes einen neuen zu errichten. Marib ist eines der besten Beispiele dafür, daß in trockenen und halbtrockenen Gebieten „Kulturen ihren Fortbestand nur auf der Basis leistungsfähiger Bewässerungssysteme sichern" konnten (Jürgen Schmidt): „Die geschichtliche Entwicklung solcher Kulturen war nicht selten schicksalhaft mit der sie tragenden Wasserwirtschaft verknüpft. Ein innerer Verfall des Staatswesens konnte das Ende der Wasserwirtschaft bedeuten, umgekehrt bewirkten aber auch Störungen des Wasserhaushaltes den Ausfall der Bewässerung und somit den Niedergang der Kultur."

155

In einer Zeit, wo Zivilisationen und Kulturen zu einer Art Weltgesellschaft zusammenwachsen, ist der separate Untergang einer Kultur wegen Wassermangels vielleicht nicht mehr möglich. Wo aber die Lage weiterhin so explosiv ist wie im Nahen Osten wird Wasser – oder Wassermangel – die Politik mehr bestimmen als anderswo.

Fünftes Kapitel

Integristen – Fundamentalisten – Extremisten

In der westlichen Presse werden sie meistens islamische Fundamentalisten oder, wenn sie gewalttätig auftreten, Extremisten genannt. Präziser wäre aber grundsätzlich der Ausdruck Integristen. Im Islam gibt es keine Institution wie eine Kirche. Staat und Kirche sind vielmehr, theoretisch zumindest, identisch. Mohammed, der religiöse Führer und Prophet, war bei seinem Tod auch Oberhaupt eines Staates. „Integrist" ist also jemand, der die Trennung von weltlicher und religiöser Macht, die in der islamischen Welt im Gegensatz zum Willen des Propheten, wie er meint, vorherrscht, wieder aufheben, mithin Glaube und Staat wieder „integrieren" will. Integristen gibt es unter Sunniten wie Schiiten gleichermaßen. An die Frühzeit des Islam, als der Kalif, der Nachfolger des Propheten, gleichzeitig auch die staatliche Macht innehatte, wollen die „Integristen" anknüpfen. Die Verherrlichung dieses Urislam ist für christliche Beobachter etwas überraschend. Jesus starb für die Sünden der Menschheit am Kreuz einen Opfertod und sagte dadurch selbst der Gewalt ab. Von den ersten vier Nachfolgern Mohammeds aber kamen drei in gewalttätigen Auseinandersetzungen ums Leben.

Die Bewegung der Integristen läßt sich auf den Ägypter Hassan al-Banna zurückführen. Er gründete im Jahre 1928 in der Stadt Ismaelia die „Gesellschaft der Muslimbrüder". „Die Muslimbrüder betonten den ethischen Gehalt der religiösen Pflichten und versuchten, durch philosophische und ethische Interpretation einen zeitgemäßen Sinn in ihnen zu finden. Im Erziehungswesen wollten sie keineswegs die modernen Wissenschaften ausgeschlossen wissen, doch der Muslim, den sie schaffen wollten, sollte von den Werten des Islam geprägt sein" (Ende/Steinbach: „Der Islam in der Gegenwart"). Nasser profitierte bei seinem Staatsstreich zwar

157

von der stillschweigenden Unterstützung durch die Muslimbrüder. Aber bald sah er sie als Konkurrenz an, die Muslimbrüder ihrerseits waren enttäuscht, daß ihre Ideen in der Politik der neuen Machthaber so wenig Widerhall fanden. 1954 ließ Nasser sechs führende Muslimbrüder hinrichten, hunderte kamen ins Gefängnis. Auch Anwar al-Sadat ging mit Gewalt gegen die Muslimbrüder vor. Heute sind sie wieder geduldet, eingebunden in die Neo-Wafd und später in die Sozialistische Partei durften sie unter Hosni Mubarak sogar an Parlamentswahlen teilnehmen. Extremere Gruppen wie der „Islamische Heilige Krieg" (Dschihad) sind inzwischen entstanden. Ein Mitglied dieser Gruppe, Leutnant Khaled al-Istanbuli, ermordete im Jahre 1981 Anwar el Saddat.

In den Regierungsjahren Sadats hatte die Politik der wirtschaftlichen Öffnung zum Westen (Infitah genannt) die soziale Kluft im Land vergrößert; eine stets wachsende, unzureichend ausgebildete Bevölkerung wurde ohne Vorbereitung mit dem westlichen Lebensstil konfrontiert (der oft mit sexueller Freizügigkeit gleichgesetzt wurde). Weder Ägypten noch andere islamische Länder haben die Chance, den wirtschaftlichen, sozialen und zivilisatorischen Rückstand zum Westen alsbald aufzuholen. So wird die Rückbesinnung auf den Islam auch zu einem Mittel, eine Barriere gegen den Ansturm der westlichen Moderne zu errichten – eine andere Form westlicher Infiltration und Kolonisation, wie manche meinen.

Sadat seinerseits zollte dem Islam in den Augen der Integristen nicht mehr als Lippenbekenntnisse, der Präsident umgab sich mit den neuen Reichen, das Regime mit seiner Staatswirtschaft galt mehr und mehr als ein laizistisches, säkulares Regime, welches der Unterklasse nichts zu bieten hat. Ideologische Alternativen – Sozialismus, Kapitalismus – haben in Ägypten versagt, und so wuchs und wächst die Bereitschaft, islamischen Ideen zu folgen. Heute bieten die Integristen oft soziale Leistungen, um welche die Unterprivilegierten den Staat vergebens bitten. Sadat wurde nicht in erster Linie wegen seines Friedensvertrages mit Israel ermordet, sondern weil in den Augen des „Dschihad" unter Sadat Staat und Islam immer weiter auseinander drifteten.

Bis auf den heutigen Tag gibt es in Ägypten immer wieder gewalttätige Auseinandersetzungen zwischen Muslimen und Kopten, immer wieder werden gewalttätige Integristen in großer Zahl eingekerkert. Ihr Einfluß steigt offenbar weiter. Viele Frauen tragen aus Opportunismus islamische, Arme, Beine und Frisur verhüllende Kleidung; viele werden von ihren Ehemännern dazu angehalten, weil diese ihre Frauen so besser zu beherrschen glauben. Andere sehen angesichts ihrer sich täglich noch verschlimmernden persönlichen wirtschaftlichen Misere im „Islam" den einzigen Ausweg.

Dennoch bietet Ägypten eigentlich kaum Boden für Extremismus. Extremismus ist dem ruhigen, freundlichen Wesen des Ägypters im allgemeinen fremd. So gehört Ägypten zu den Ländern, in denen der Integrismus sich einer, wenn auch nicht sehr heftig geführten, intellektuellen Diskussion stellen muß. Vertreter des Regimes scheuen zwar im allgemeinen eine solche Auseinandersetzung; aber Intellektuelle wie der ehemalige Marxist und heutige fromme, in der arabischen Welt weithin bekannte Muslim Mustafa Mahmut oder auch der bekannte islamische Prediger Mohammed Metwalli Sharaawi wenden sich mehr oder weniger offen gegen die „Integration" von Staat und Islam. Sie sprechen Herrschern wie Hosni Mubarak durchaus die Legitimität zu, einen Staat zu regieren. Gewalt im Namen des Islam sei abzulehnen, nur mit „gutem Zureden" und mit „Diskussion" seien die Probleme zu lösen, predigt Mohammed Metwalli Sharaawi in Kairo. Die Extremisten begegnen dieser Gesprächsbereitschaft allerdings oft mit Gewalt. Im Juni 1992 erschossen sie in Kairo den Geschäftsmann und Journalisten Farag Ali Foda. Foda hatte in vielen Zeitungsartikeln das Konzept der Extremisten kritisiert.

Mustafa Mahmut kritisiert die Extremisten mit den Worten: „Eine der schlimmsten Sünden ist in den Augen Gottes der Fanatismus. Fanatismus bedeutet Engstirnigkeit." Farag Ali Foda vertrat offen einen „islamischen Säkularismus", suchte also für die politische Machtausübung eine andere Rechtfertigung als die durch den Islam. Mustafa Mahmut wirft den Integristen, jedenfalls den Gewalttätigen unter ihnen, vor, daß sie zwar die Moderne akzeptierten, wenn sie mit Maschinengewehren und Granaten ihre Auffassung durchsetzen wollten. Aber, sagt Mustafa Mahmut: „Sie sind gegen die (gesellschaftliche) Evolution selbst da, wo sie notwendig ist, sie lehnen Entwicklung ab und bekämpfen die Moderne, sie lehnen es ab, sich zum Besseren zu bekehren, und sie denken, sie seien die einzigen wahren Muslime, während alle anderen im Irrtum lebten."

Gibt es eine fundamentalistische „Gefahr"?

Im Westen spricht man oft von der „Gefahr", die von den Fundamentalisten angeblich ausgehe. Nicht jeder fromme Muslim aber ist ein gewalttätiger Extremist. Nicht jeder Neubau einer Moschee deutet auf „Fundamentalismus" – ein Ausdruck, der, nebenbei gesagt, in den USA entstanden ist, wo rhetorisch mächtige Prediger das Christentum auf seine „Fundamente" zurückführen wollen. Einen einheitlichen, gar zentral organisierten Fundamentalismus in der arabischen Welt gibt es nicht. Die schiitische Revolution im Iran stürzte mit dem Schah einen Despoten, nicht aber ein demokratisches Regime. Die beiden Golfkriege wurden nicht vom Iran begonnen. Es ist, zunächst wenigstens, palästinensischer Terror gewesen, der den Westen so in Schrecken setzte, nicht schiitischer oder, ganz allgemein, islamisch-fundamentalistischer. Natürlich versucht der Iran, seinen Einfluß auszudehnen – auf die muslimischen Republiken der ehemaligen Sowjetunion, auf den Libanon, auf die Schiiten, die in anderen Teilen der arabischen Welt leben. Im Libanon kämpft der Iran durch die von ihm inspirierte „Hisbollah", die Partei Gottes, gegen Israel, das man dort als Besatzungsmacht ansieht; in diesem Kampf gegen Israel konkurrieren die schiitischen „Fundamentalisten" mit Palästinensern und den gemäßigten Schiiten der Amal (Hoffnung)-Bewegung. Im übrigen führt der Iran eine Politik, der europäische Staaten der „christlichen" Epoche auch gefolgt sind: Unter religiösem Vorzeichen versucht er, seinen regionalen Einfluß zu vergrößern.

In Algerien wären die (sunnitischen) Islamisten durch Wahlen an die Macht gekommen. Ihr Erfolg gründete sich auf die soziale Misere der Bevölkerung, welche die Regierung in vielen Jahren nicht beheben konnte. Die wenigsten, die in Algerien der „Islamischen Heilsfront" ihre Stimme gaben, sind Extremisten. In Jordanien sitzen die Muslimbrüder im Parlament. Aber sie sind nicht regimefeindlich. Die Monarchie als Staatsform stellen sie, derzeit wenigstens, nicht in Frage. In Jordanien zeigte sich besonderes die Konzeptionslosigkeit der Islamisten. Sechs Monate stellten sie die Minister wichtiger Ressorts. Der Landwirtschaftsminister erinnerte sich an ein islamisches Gesetz, wonach Wald und Forst allen gehörten: er erlaubte den Bauern, im Nationalwald Ziegen und Schafe zu weiden. Nach kurzer Zeit waren 20 Hektar fast vernichtet. Der König selber intervenierte, das erste Dekret, das der Nachfolger erließ, setzte den unglückseligen Erlaß außer Kraft. Der Minister für soziale Entwicklung brachte angesichts der Tatsache, daß ein Drittel aller Jordanier unterhalb der Armutgrenze lebten, nicht mehr als eine Anordnung zuwege, welche es untersagte, daß Männer und Frauen seines Ministeriums zusammen in Büros arbeiteten. Der Erziehungsminister, der u. a. über jährlich mehrere Millionen, von der Weltbank bereitgestellter Dollar verfügt, mit denen das jordanische Schulwesen modernisiert werden sollte, zeigte seine Fähigkeit in einem absurden Erlaß: Er verbot Vätern, beim Sportunterricht ihrer Töchter zuzuschauen, weil sie dann nicht nur die entblößten Beine ihrer Töchter, sondern auch die ihrer Mitschülerinnen gesehen hätten. Es besteht wohl kaum ein Zweifel, daß Islamisten dort sofort an politischer Anziehungskraft verlieren würden, wo sie ihre Vorstellungen verwirklichen könnten. In Syrien, Jordanien, im Irak und in Ägypten wachsen Jugendliche der beiden Geschlechter – gemessen an den Verhältnissen in manchen Golfstaaten – relativ zwanglos auf, vielen gilt westlicher Lebensstil als nachahmenswert. Einem Diktat islamischer Kleidung würden sie sich kaum lange beugen.

Bedrohte Regime

Viele arabische Regime – das beste Beispiel gibt Algerien – fühlen sich durch die Integristen in ihrer Existenz bedroht, weil die Integristen die wirtschaftlichen und sozialen Versäumnisse dieser Regime schonungslos aufdecken. Deshalb reagieren diese Regierungen oft so vehement – mit blutiger Unterdrückung im syrischen Hama, mit einem selbst inszenierten Staatsreich in Algerien, mit strikter Überwachung und Verfolgung in Ägypten, Libyen und Tunesien. Die Stärke der Fundamentalisten liegt nicht in ihrem ideologischen Gebäude; nur wenige Araber glauben, daß ihre wirtschaftlichen Probleme durch die Rückkehr zum „reinen Islam" zu lösen seien. Wegen fehlender Demokratie in der arabischen Welt haben sich aber andere Alternativen als jene, welche die Integristen bieten, nicht entwickelt. Die „Fundamentalisten" des Islam finden unter frommen Muslimen auch deshalb Zulauf, weil der offizielle, als Staatsreligion deklarierte, von den Herrschenden usurpierte Islam versagt hat, oder besser, weil die Herrschenden den sozialen Lehren des Islam nicht gefolgt sind. Die Angst vieler Herrscher vor den Integristen ist also berechtigt; diese Herrscher haben es nicht verhindert, daß das tägliche Leben vieler Muslime immer mühseliger wurde.

Die Furcht des Westens

Die „Gefahr", die westliche Staaten im islamischen „Fundamentalismus" sehen, entspringt wohl auch der Befürchtung, der Westen könne an politischem Einfluß in der islamischen Welt verlieren und jenes Terrain einbüßen, das er sich seit der wirtschaftlichen Durchdringung des Orients im vorigen Jahrhundert geschaffen hat. Doch in einer ökonomisch zusammenwachsenden Welt werden auch „islamische Gottesstaaten" – wenn sie denn entstehen – ohne Kooperation mit den Industrienationen kaum auskommen. Das beste Beispiel dafür ist der Versuch des ölreichen Iran, wieder mit dem Westen ins Geschäft zu kommen. Natürlich sehen viele im Westen die Renaissance des – von ihnen kaum jemals wirklich ernst genommenen oder verstandenen – Islam im Zusammenhang der jahrhundertealten Auseinandersetzung mit dem Orient. Schließlich sind die Christen durch die muslimische Eroberung des Nahen Ostens vom Ursprung ihres Glaubens vertrieben worden. Das Christentum wurde sozusagen von seinem Ursprungsland nach Europa ins spätere „Abendland", transplantiert, während das „Morgenland" den „Mohammedanern" anheimfiel. Dieser epochale Verlust schmerzt noch viele, ohne daß sie sich dessen bewußt würden.

Ein wirkliches Problem für Europa kann dagegen der Druck werden, den die verarmte und immer mehr verarmende muslimische Bevölkerung an den südlichen Ufern des Mittelmeeres ausübt. Heute leben in den islamisch geprägten Staaten der afrikanischen Mittelmeerküste bald mehr Menschen als an den Nordufern (ohne Frankreich). Je weniger wirtschaftliche Möglichkeiten sie in ihren Heimatländern sehen, desto mehr werden besonders Einwohner der Maghrebstaaten versuchen, in den ehemaligen Kolonialländern, besonders in Frankreich Fuß zu fassen. Auf diese Weise wird Europa erneut zur Auseinandersetzung mit dem Islam gezwungen. Zu Konfrontationen besteht allerdings kein Anlaß. Der Islam stellt keine Gefahr für den Westen dar – ebensowenig wie das Christentum islamische Gesellschaften bedroht. Für Islam und Christentum kann wie für die älteste der nahöstlichen Religionen, das Judentum die Devise nur im Miteinander liegen.

Freilich kann der in Europa und in Amerika pauschal so genannte islamische Fundamentalismus nicht nur durch das Versagen arabischer Regierungen neuen Auftrieb bekommen, sondern auch durch eine andauernde Stagnation des nach dem zweiten Golfkrieg mühsam in Gang gekommenen Friedensprozesses. Die langjährige Obstruktion des Friedensprozesses durch die Israelis – so sehen es viele Araber – wird muslimischem Fundamentalismus in allen seinen verschiedenartigen moderaten und militanten Formen insgesamt Auftrieb geben. Bleibt Israel, so sehen es auch viele Politiker im Westen, weiter unnachgiebig, züchtet es sich selbst den nächsten Feind, der auch der Feind des Westens würde: einen fundamental verstandenen, militanten Islam, der dann tatsächlich mehr Anhänger fände.

Sechstes Kapitel

Die Gesellschaft der Clans

Es gibt Szenen und Bilder, die ganze Geschichten erzählen. Die größte Stadt der arabischen Welt, Kairo, ist voll davon. Da sitzt zum Beispiel im Basarviertel ein Mann auf einem Hocker. Vor sich hat er einen jener alten Holzstühle, auf denen schon Generationen von Ägyptern gesessen haben. Mit Glasscherben verschiedener Größe und verschiedener Schärfe schabt der Mann den verbliebenen Lack ab. Anschließend wird der Holzstuhl neu poliert und wieder verwendet. Oder jene Szene: Aus einem vorgefertigten Draht schneidet ein Mann mit einer Zange kleine Stückchen heraus, formt sie zu ovalen Bögen, fügt sie zu einer Kette zusammen. Er tut das tagein, tagaus, Monat für Monat, Jahr für Jahr.

Der Mann, der Stühle abschabt, und der Mann, der für europäischen Geschmack auf etwas umständliche Art Ketten fertigt, verdienen ein paar Pfund am Tag, vielleicht etwas mehr. Damit ernähren sie sich und ihre Familie. Sie führen ein Dasein am Rande des Existenzminimums, doch es ist ein genügsames und vielleicht sogar zufriedenes Leben. So, wie die beiden leben, lebt die Mehrheit der Menschheit. Doch so zu leben, kann sich ein Mensch in Europa oder Nordamerika nicht mehr vorstellen. „Rückständig" würde das Adjektiv lauten, mit dem ein Tourist oder auch ein im Land lebender Ausländer solche Arbeits- und Produktionsweise charakterisieren würde.

Fortschritte

Und dann kommt unweigerlich der Gedanke: Warum, fragen die Menschen aus dieser Welt der Technik, der Datenbänke, des durchorganisierten täglichen Lebens und der parlamentarischen

Demokratie mit Blick auf die Menschen in der „dritten" Welt, warum sind „die nicht so wie wir", was, so kann man eine solch häufig gestellte Frage auch interpretieren, haben „die" falsch gemacht, daß ihnen unsere Errungenschaften entgangen sind. Die Frage nach diesen „Cluster of Absences", wie das amerikanische Soziologen genannt haben, nach dem Fortschritt, welchen andere *nicht* zuwege gebracht haben, geht von einem Geschichts- und Weltverständnis aus, in dem (noch immer) Europa im Mittelpunkt steht, in dem Europa und seine relativ neuen industriellen und demokratischen Lebensformen das Maß aller Dinge sind. Die Frage kann auch anders gestellt werden: Warum hat sich „der Westen" zu dem entwickelt, was er heute ist? Historisch und in weltweitem Maßstab betrachtet ist nämlich die europäisch-amerikanische Lebensform eine Novität und noch immer die Ausnahme, unser Leben in (relativem) Wohlstand und persönlicher Freiheit ist nicht die Regel, nach der die Mehrheit der Menschen lebt. Anderswo, z. B. im Nahen Osten, ist die Gesellschaftsordnung nach Familienverbänden und die Ein- und Unterordnung des einzelnen in einen größeren Herrschaftsverband weitgehend erhalten geblieben. Anderswo haben sich die Produktionsmethoden nicht oder nur langsam geändert. Und vor allem: Unsere demokratischen Umgangsformen, auf die wir uns, wohl zu Recht, einiges zugute halten, sind weltweit ebenfalls die Ausnahme. Die Mehrheit der Menschen ist Diktatoren, Alleinherrschern, Militärregimen, demokratisch nur dürftig legitimierten Regierungen unterworfen, die ihre Macht oft mit brutaler Gewalt, mit Folter und Schrecken ausüben.

Wann immer aber in entwicklungspolitischen Sonntagsreden über das Schicksal der Menschen in dieser Dritten Welt gesprochen wird, gibt es eine Forderung: Zwar müßten auch die Gesellschaften dieser Regionen ihre Wirtschafts- und Herrschafts-Systeme so reformieren, daß industriell produktive, durchrationalisierte, auf dem Weltmarkt konkurrenzfähige Arbeit möglich, daß mithin auch Demokratie und Pluralismus erreichbar werde, doch: die Menschen müßten dabei ihre kulturelle Eigenheit bewahren. Das freilich sind zwei Dinge, die einander fast ausschließen. Denn sosehr individuelle Arbeit, die dem eigenen, meist mühsam zu schaffenden Lebensunterhalt dient, Teil des Daseins im Orient ist, so wenig ist diese Arbeit in ihrem Ursprung industriell organisierte Arbeit. Einer solchen Arbeitsweise liegt eine gesellschaftliche Entwicklung zugrunde, die es im Orient, speziell in der islamischen Welt, so nicht gegeben hat. Teilhaber an der Macht im „Staat" – wenn es die denn gibt – sind nicht „pluralistische", nach verschiedenen Ideologien ausgerichtete Gruppen, sondern Familienverbände. Die Herrschaftsformen sind bestenfalls absolutistisch, oft despotisch, wo Demokratie gewagt wird, endete ein solcher Versuch oft in Bürger- und Clan-Kriegen, in Attentaten, in Militär-Coups.

Die Frage nach den „Cluster of Absences" entspringt einer Haltung, welche eine Überlegenheit der abendländischen Kultur von vornherein als gegeben annimmt. Die Entwicklung der islamischen Welt ist indessen keine „schlechtere", „minderwertigere", sondern zunächst einmal eine andere als die Europas und Amerikas. Die islamische Welt ist, wie Arnold Hottinger sagt, „dieselbe" geblieben. Sie hat ihre Denkweise, in der die Großfamilie, nicht die Gesellschaft als Ganzes im Mittelpunkt steht, und ihre Tradition nur wenig verändert. Die Sorge um das Familien-, Sippen- und Stammesmitglied ist eine Haltung, welche dem Menschen an und für sich näher liegt als die gleichwertige Rücksichtnahme auf ein nur vage wahrgenommenes Gesamt-„Volk" oder auf einen abstrakten Staat. „Gleichheit" und „Brüderlichkeit", die in Europa erst die Französische Revolution allen Mitgliedern eines Volkes zuerkannte, sind im Orient noch vielfach auf einen enger umgrenzten Familienverband beschränkt, wenn auch das Konzept des Nationalstaates im Laufe der Zeit „Syrer", „Irakis", „Libanesen" schaffen wird.

Das Konzept des „Fortschrittes" ist ein rein europäisches, es ist ein Kind der Neuzeit. Fortschritt manifestiert sich in Europa zum Beispiel an der „Überwindung" feudaler Herrschaftsstrukturen, welche es bis in die Neuzeit hinein ebenso gegeben hat wie heute noch im Orient. Er manifestiert sich an der Vorstellung, daß es dem Menschen immer besser gehen müsse, daß der Wohlstand steigen, die tägliche Mühsal geringer werden müsse und daß dies alles erreichbar sei durch ständige technische Verbesserungen.

Fortschritt orientiert sich letztlich an dem Gedanken, der Mensch lebe in einem unbefriedigenden Zustand, von dem es möglichst schnell „fortzuschreiten" gelte.

Der islamischen Welt ist das Konzept des Fortschrittes fremd. Ihre Vorstellung von Geschichte ist eine eher statische. „Fortschritt" würde eine bewußte Loslösung von den Urzeiten des Islam, von der Zeit Mohammeds bedeuten. Zur „kulturellen Eigenheit" gehört weiterhin auch das Leben in der Schutz und persönlichen Rückhalt gewährenden Großfamilie. Die Zersplitterung der Familie und die damit einhergehende Vereinsamung des einzelnen, wie sie das Europa des 20. Jahrhunderts immer mehr kennt, ist im Orient bisher noch vermieden worden, obwohl immer mehr Menschen auch vom sozialen Netz der Großfamilie nicht mehr erfaßt werden. Auch der Charakter der Arbeit ist weitgehend unverändert. Der Mann, der in einem orientalischen Basar Lasten trägt oder als Schuhputzer arbeitet und damit für sich und seine Familie einen bescheidenen Lebensunterhalt verdient, leistet keine minderwertigere Arbeit als der Fließbandarbeiter Europas, der Schrauben anzieht. Beide sind durch verschiedenartige gesellschaftliche Entwicklungen in ihrem individuellen Leben geprägt. Der eine lebt in der Statik des Islam, der andere im „Fortschritt" Europas. Der eine lebt, jedenfalls bisher, unter dem sehr persönlichen Schutz der Großfamilie – eine Geborgenheit, die Europa verloren hat –, der andere in einer „arbeitsteiligen" Welt, in der Schutz durch anonyme Verbände und Institutionen (Gewerkschaften und Gerichte) geboten wird. Wegen der allgemeinen Verarmung kann die Großfamilie ihre Schutzfunktion für alle ihre Mitglieder – von den Säuglingen bis zur Urgroßmutter – allerdings immer weniger wahrnehmen. Das nimmt ihr vieles von ihrer sozialen und gesellschaftlichen Aufgabe. Auch menschlich wird der Orient dadurch ärmer.

„Weltrevolution der Verwestlichung"

Die Problematik der „Cluster of Absences" ergibt sich auch dadurch, daß sich die auf der industriell produktiven Arbeitsweise basierende, „demokratische", pluralistische, ohne das Band der

Großfamilien auskommende Gesellschaftsform als – materiell und technisch – so erfolgreich erwiesen hat, daß sie die Weltwirtschaft beherrscht, daß sie die anderen Volkswirtschaften von sich abhängig gemacht hat und daß, nicht zuletzt, die Menschen der Zweiten und der Dritten Welt einen ähnlichen materiellen Wohlstand nun für sich reklamieren, also am materiellen Fortschritt der „ersten" Welt teilhaben wollen. Diese Länder werden mithin schlicht zu „Entwicklungsländern" – zu Ländern, die sich auf das europäisch-amerikanische Modell hin entwickeln. Freilich bleibt oft unerwähnt, daß es die westliche Kultur der Technik erstmals möglich macht, was allen anderen Kulturen bisher glücklicherweise verwehrt geblieben ist: Die Technik ist so weit entwickelt worden, daß der ganze Erdball geschädigt, sogar vernichtet werden kann. Durch den ungebremsten Gebrauch der Technik wird Umweltschutz zum Überlebensgebot. Hält man heute Länder der „Dritten Welt" zum pfleglichen Umgang mit der Umwelt an, hört man oft den Vorwurf, man wolle den Menschen den „Fortschritt" vorenthalten.

Bassam Tibi, der in Göttingen lehrende syrische Soziologe, drückt die Problematik, welche die industrielle Entwicklung im Westen für die große Mehrheit der Menschen gebracht hat, zwar etwas umständlich, dennoch zutreffend aus, wenn er schreibt, daß sich die „industrielle bürgerliche Gesellschaft durch die koloniale Penetration zur heutigen Weltgesellschaft" ausgedehnt habe und daß Europa „dank seiner industriellen Strukturen und seiner aus Wissenschaft und Technologie basierenden Kultur die Welt erobern und neu strukturieren" konnte. „Weltrevolution der Verwestlichung" hat man diesen Prozeß auch genannt.

Das Problem ist allerdings nicht neu. Es wurde schon von den Briten in Indien erkannt. Lord Lytton, britischer Vizekönig in Indien von 1876 bis 1880, schrieb: „Wir bringen die höchstentwickelten Prinzipien der europäischen Kultur in eine riesige orientalische Gesellschaft, in deren Geschichte, Gesellschaft, Normen und Traditionen sie niemals existiert haben. Begriffe wie religiöse Toleranz, Pressefreiheit, Freiheit der Persönlichkeit, Allgemeingültigkeit des Rechts … sind in Indien mysteriöse Formeln einer unsympathischen Fremdherrschaft, welche der großen

169

Mehrheit der Bevölkerung völlig unverständlich ist, obgleich sie zu deren Vorteil ausgeübt wird.

Der Charakter der Arbeit

Die Frage, warum gerade Europa zum Träger einer Form von Wissenschaft, Technologie, Industrie und Demokratie wurde, welche die auch hier bestehenden Dynastien und Familienverbände auflöste, den Charakter der Arbeit veränderte und weltweit wegweisend wurde, hat vor allem viele Europäer selbst beschäftigt. Nach Max Weber hat es „Kapitalisten", also Leute, welche nach Gewinn streben, überall und zu allen Zeiten gegeben: den Händler im orientalischen Basar, den Kaufmann, der mit seiner Karawane gefährliche Wüstenreisen auf sich nimmt, die Handwerker in den mittelalterlichen Zünften. Die Gründe für das Entstehen eines „bürgerlichen Betriebskapitalismus" und freier Arbeit sieht Weber in der speziellen „Sozialordnung des Okzidents" begründet, in der Eigenart ihrer Wissenschaft, speziell der exakten Naturwissenschaft, und andererseits im protestantischen Arbeitsethos, besonders in seiner puritanisch-kalvinistischen Form. Ohne diese Faktoren sei die Entwicklung der europäisch-amerikanischen Industrie kaum denkbar.

„Warum", fragt Maxime Rodinson, „hat sich der Kapitalismus der Moderne in Europa, nicht jedoch (unter anderem) in den mohammedanischen Ländern durchgesetzt? Aber auch: Warum konnte der europäische Kapitalismus so leicht in die mohammedanische Welt eindringen?" Maxime Rodinson beantwortet diese Fragen in einer langen Abhandlung schlicht mit dem Argument, daß die Gründe, warum es einen Kapitalismus westlicher Prägung in islamischen Ländern nicht gegeben habe, jedenfalls nichts mit dem Islam zu tun hätten. Anders sieht es Max Weber. Er weist darauf hin, daß in muslimischen Gesellschaften römisches Recht, vom Fürsten unabhängige, autonome Städte sowie politische Stabilität völlig gefehlt hätten, daß Industrialisierung nicht durch den Islam als der Religion des einzelnen behindert wurde, sondern durch die religiös bestimmte Struktur der islamischen Staaten.

170

Man kann auch weiter zurückgehen in der Geschichte. „Arbeit ist eine Erfindung des Christentums" – dieser früher in der Schule gelehrte Satz deutet an, daß nicht erst seit Martin Luther („Das Leben, wenn es schön gewesen, ist es Müh und Arbeit gewesen") „gearbeitet" werde. „Ora et labora" hieß das Gebot für die Mönche des Mittelalters. Beten allein (wie etwa im praktizierten Islam) genüge nicht für ein gottgefälliges Leben, auch Arbeit sei nötig für den Eintritt ins Paradies.

Jesus – der Orientale

Im Orient wäre solche Ethik nicht recht denkbar – auch in jenen Teilen nicht, die noch christlich geprägt sind. (Koptische, orthodoxe und armenische Christen leben im Orient weitgehend nach demselben Gesellschaftsmuster wie Muslime.) Vielleicht ist dort Arbeit nicht gerade ein „Fluch", wie oft behauptet wurde. Aber die Sorge gilt eher dem Heute, nicht dem Morgen, nicht dem großen Plan der Zukunft. Max Weber sieht in Jesus Christus den typischen Orientalen, der um „unser täglich Brot" *heute* bittet, nicht um das tägliche Brot für *morgen*. Rafael Patai sieht es so: „In der nahöstlichen Ethik, von präbiblischen Zeiten bis zur Gegenwart, galt es als ein Ideal, dem Fluch der Arbeit zu entkommen ... Reichtum durch einen Glücksfall zu erlangen." Für die Mehrheit ist der europäische Arbeitsbegriff begreiflicherweise fremd, weil sich ihre Gesellschaften, mithin auch ihre persönlichen Lebensformen, seit Jahrtausenden nicht verändert haben. Im Alltag notwendige Arbeiten wurden bis ins zwanzigste Jahrhundert hinein oft von Sklaven verrichtet. Ägyptische Fellachen zum Beispiel leben heute nicht wesentlich anders als vor 5000 Jahren. Sie arbeiten hart – oder lassen ihre Familienangehörigen, ihre Frauen hart arbeiten –, aber in europäischem Sinne sind sie weitgehend unproduktiv. Ihr Leben wird von religiösen Normen bestimmt, von den Normen, wie sie seit Urzeiten im Niltal gültig sind. Es wäre allerdings ein Irrtum, einen solchen von Europa verschiedenen Arbeits- und Kulturbegriff ausschließlich mit dem Islam oder anderen nichtchristlichen Religionen in Verbindung zu bringen. Verschiedenartige Auffassungen von Arbeit trennen zum Beispiel

171

auch die christliche Welt. Die Orthodoxie ist Teil des Orients geblieben. Griechenland, Rumänien, Bulgarien, Serbien und Montenegro sind Teile der Ostkirche, welche die dialektischen Entwicklungen des Abendlandes über Renaissance, Reformation, Aufklärung, industrielle Revolution allenfalls am Rande miterlebt hat. Arbeit hat hier eher orientalischen Charakter.

Ob die Entwicklung des modernen europäischen Arbeitsbegriffes erst, wie Max Weber meint, etwa mit Luther beginnt oder schon in den mittelalterlichen Klöstern oder, wie der Privatgelehrte, Mathematiker und Kulturhistoriker Oswald Spengler in den zwanziger Jahren schrieb, im modernen, von der Antike unterschiedlichen Zahlendenken und in der Entwicklung des frühen Christentums – darüber läßt sich trefflich diskutieren. Nach Spengler faßt das antike Zahlendenken Dinge auf, „wie sie sind, als Größen, zeitlos, rein gegenwärtig". Das habe zur „euklidischen Geometrie" geführt, zur „mathematischen Statik und zum Abschluß des geistigen Systems durch die Lehre von den Kegelschnitten". Die moderne Welt aber, sagt Spengler, fasse Dinge auf, wie „sie werden und sich verhalten", als Funktionen. „Das führt zur Dynamik, zur analytischen Geometrie und von ihr zur Differentialrechnung" – und zum „Fortschritt", könnte man hinzufügen. „Es gibt mehrere Zahlenwelten, weil es mehrere Kulturen gibt. Wir finden einen indischen, einen arabischen, antiken, abendländischen Typus einer Zahl ... jeder Ausdruck eines anderen Weltgefühls, jeder Symbol einer auch wissenschaftlich genau begrenzten Gültigkeit, Prinzip einer Ordnung des Gewordenen", schreibt Spengler.

Das Christentum wurde nach Spenglers Interpretation von Paulus und Markus aus der antiken Sprachenwelt des Aramäischen in eine Sprache des Abendlandes, das Griechische, transplantiert. „Eine heilige griechische Literatur – man bedenke, was das alles einschloß. Die Jesuskirche wurde von ihrem seelischen Ursprung künstlich abgetrennt und einem fremden ... angeheftet. Die Fühlung mit dem Volkstum des aramäischen Mutterlandes ging verloren." Der Islam dagegen, eine „Religion der Wüste", wie Elias Canettis umstrittene Äußerung lautet, verlagerte seinen Schwerpunkt zwar von der Arabischen Halbinsel in die fruchtbaren Gebiete von Damaskus und von Bagdad, aber er blieb dem orientalischen Kulturkreis mehr oder weniger verwachsen. Vor allem blieb er der arabischen Sprache verhaftet. „Wir haben die Schrift als einen arabischen Koran herabgesandt", heißt es im Koran. Arabisch sei eine ungemein geeignete Sprache, religiöse Dinge auszudrücken, schreibt Malise Ruthven, und religiöse Sprache versuche per definitionem etwas auszudrücken, was dem Ausdruck trotze. Oft verlieren sich noch heute Araber in ihrer Sprache, nehmen das Wort für die Tat. Dennoch bleibt Arabisch eine sehr differenzierte, schöne Sprache, welche sich allerdings – wie die arabisch-muslimische Kultur – so wenig der „Moderne" angepaßt hat, daß sie auf technisch-wissenschaftlichem Gebiet nicht mehr voll als Kommunikationsmittel tauglich ist.

Aufklärungen

Europa brachte einen Luther hervor, der es wagte, die Bibel aus der Kirchensprache des Lateinischen ins Deutsche zu übersetzen. Damit wurde die religiöse Botschaft zwar, wie der Koran auch, den Gläubigen nachlesbar. Aber die Übertragung in verschiedene Nationalsprachen machte die Bibel auch interpretierbar, machte das Wort Gottes offener für Auslegungen. Die Bibel verlor endgültig jene Unerschütterlichkeit, die Muslime noch heute im Koran sehen. Die Revolution Luthers war letztlich einer der Vorboten jener „Aufklärung", in welcher in Europa eine Minderheit von Intellektuellen einen „Ausgang des Menschen aus seiner selbst verschuldeten Unmündigkeit" (Kants zentraler Satz der Aufklärung) suchte und Europa schließlich in ein Zeitalter der „Vernunft" führte. Unmündigkeit ist nach Kant die Unterordnung des einzelnen unter die Herrschaft einer Religion oder die sie predigende Institution der Kirche. „Unmündigkeit", sagt Kant, „ist das Unvermögen, sich seines Verstandes ohne Leitung eines anderen zu bedienen. Selbstverschuldet ist diese Unmündigkeit, wenn die Ursache derselben nicht am Mangel des Verstandes, sondern der Entschließung und des Mutes liegt, sich seiner ohne Leitung eines anderen zu bedienen, Sapere aude! Habe Mut, dich deines eigenen Verstandes zu bedienen! ist also der Wahlspruch der Aufklärung." Es muß daran erinnert werden, daß „Aufklärung" den Interessen der römischen Kirche diametral entgegenlief und daß die Aufklärung ihren Erfolg gegen den Widerstand der Kirche erkämpfen mußte. „Vernunft" gefährdete die auf Gehorsam aufgebaute Macht der Kirche und des Klerus. Doch schließlich mußte sich auch die Institution der Kirche der Macht der „Aufklärung" und Vernunft anpassen.

Allerdings gab es auch im Islam Ansätze zu einer Aufklärung, zu Versuchen, die Welt rational zu erklären. Das abbassidische Reich mit seinem Zentrum in Bagdad, das nominell erst 1258 durch den Ansturm der Mongolen zugrunde ging, sich innerlich aber schon vorher aufgelöst hatte, war der europäischen Kultur des Mittelalters wissenschaftlich weit überlegen. Die aus dem „Abendland" kommenden Kreuzfahrer waren oft ungebildete und ungebärdige Massen, denen von den Orientalen erst die Institution des Hammam, des Bades, gezeigt wurde. Doch diese „islamische Aufklärung" ist niemals so weit gegangen wie später die europäische, wiewohl es in abbassidischer Zeit Theologen gab, die den Vorrang des freien Willens proklamierten und bereit waren, das Konzept von Gottes Allmacht in Frage zu stellen. Schließlich aber überwog das orientalische Element. „Für andere Muslime", schreibt der Amerikaner Ira M. Lapidus, „waren Muhammed und der Koran, nicht Vernunft, die zentralen Erfahrungen des Islam. Der Koran enthielt Gottes Willen für den Menschen und die Pflichten, die er ihnen auferlegt hatte, und Mohammed war der letzte Botschafter Gottes, welcher die letzte Offenbarung brachte. Die meisten Muslime meinen, der Mensch müsse sich Gott unterwerfen, nicht aber annehmen, er wisse alles besser als Gott."

So blieb „Aufklärung" bisher ein Sonderfall der Menschheitsentwicklung. Im Abendland weiß man, im Orient glaubt man – so könnte man verkürzt noch heute argumentieren. Das hat weitgehende Auswirkungen. Seit der „Aufklärung" basiert abendländisches Erziehen auf der Hinführung zum selbständigen Denken. Kritisches Denken darf nicht nur, es muß so weit gehen, grundsätzlich Dinge in Frage zu stellen. Im Orient wird noch immer Wissen, das meistens aus dem Westen kommt, auswendig gelernt. Vorbild sind die Koranschulen, in denen Sure für Sure gelernt wurde, eingehende Textinterpretationen aber weniger gefragt waren: Gottes Wort ist nicht interpretierbar. Wer „Logik" anwandte, begeht oder beging lange Zeit eine Häresie. Malise Luthven schreibt: „Das Studium und Auswendiglernen des Korans beanspruchte einen großen Teil der traditionellen muslimischen Ausbildung und wurde stets als verdienstvollste aller religiösen Handlungen betrachtet. Seelisch aufgenommen und durch ständige Wiederholungen verinnerlicht, wurde das geheiligte Buch Bestandteil der Existenz des Muslims, der Filter, durch den er die Welt und ihre geistigen Bilder in sich aufnahm."

Vielleicht liegt es auch an dieser bis auf den heutigen Tag vorherrschenden Lehr- und Lernweise, daß die muslimische Welt, wie sie oft selber beklagt, so sehr hinter dem Westen, aber auch hinter manchen Entwicklungsländern zurückgeblieben ist. Die muslimischen Staaten leben vornehmlich vom Rohstoffexport und nicht von produktiver, kreativer Arbeit. Das inzwischen eingestellte Magazin „Arabia" klagte, in der islamischen Welt könnten nur 42 Prozent aller Menschen lesen und schreiben, in den Ländern der Dritten Welt, zu denen einige islamische Länder gehören, seien es immerhin 55 Prozent. „Universitäten, in denen die Wissenschaften geachtet sind, wurden in der islamischen Welt vor mehr als 1000 Jahren gegründet, doch die islamische Tradition wissenschaftlicher und technischer Erziehung ist bereits vor langer Zeit verlorengegangen", schrieb „Arabia".

Nahöstliche Klientelgesellschaften

Trotz des fabelhaften Fortschrittes, auf den Amerikaner und Europäer so gerne verweisen, haben sie wenig Anlaß, auf die anderen herabzuschauen. Zwar sind Konzepte wie Gewaltenteilung, Parlamentarismus in Europa theoretisch schon früh entwickelt worden, doch zur Grundlage des politischen Lebens wurden sie erst in den letzten einhundert bis zweihundert Jahren. Die westliche Demokratie ist, historisch gesehen, eine Novität. Sie mußte in blutigen Revolutionen, welche, wie die Französische, gelegentlich in neuem Despotismus endeten, erkämpft werden. Freilich hatten diese Revolutionen Wegbereiter – das römische Recht, die Freiheit der Städte, den Kampf der Stände gegen die Macht der Fürsten, den Dualismus zwischen weltlicher und geistlicher Macht. Letztlich kann die islamisch-arabische Geschichte auf solche bürgerliche Revolutionen und auf ihre Vorboten nicht verweisen. Europäische Städte zum Beispiel lösten sich von der Vorherrschaft der Fürsten, wurden zur Heimstatt eines unabhängigen Bürgertums, das zum Träger wirtschaftlicher Umwälzungen und schließlich zum Ferment für eine pluralistische und „rechtsstaatliche" Entwicklung wurde.

Ein entscheidender Punkt liegt darin, daß das islamische Recht, anders als das römische, das Institut der „juristischen Person" nicht kennt. Die öffentliche Sphäre wird von der privaten ersetzt. Daß das Individuum in seiner Bewegungsfreiheit eingeschränkt werden muß zum Wohle der anderen, zum Wohle der Öffentlichkeit, ist ein kaum bekanntes Konzept. Es gibt staatliche Gesetze und Vorschriften für den Straßenverkehr, und es gibt Bauvorschriften. Sie werden auch vor allem deshalb umgangen, weil es den auf das Gemeinwohl erzogenen Typus des freien Bürgers in der islamisch-arabischen Kultur nicht gibt und weil der Staat, der durchaus sinnvolle Vorschriften erlassen hat, lediglich als despotischer Leviathan erfahren wird, dem man sich nur unterwirft, wenn es absolut notwendig ist. Man parkt, wo man will, man fährt, wie man will. In Kairos Basar sind viele private Läden ganz einfach vor öffentliche Bauten wie Moscheen gesetzt worden. Ein solches Verfahren ist durchaus typisch für muslimische Städte. Dagegen gibt es eine öffentliche Vorsorge für das Wohl der „Bürger" kaum. Spielplätze und Schwimmbäder sind eine Rarität. Wer seine Gesundheit pflegen will, muß in einen teuren privaten Club gehen, der für die Mehrheit unerschwinglich ist.

Malise Ruthven schreibt: „Das islamische Recht erkannte Städte als solche nicht an und ließ auch keine Körperschaften zu. Während im Europa des späten Mittelalters die Städte von mächtigen Institutionen verwaltet wurden, die die Klasse der Kaufleute repräsentierten, blieb die muslimische Stadt in gewisser Weise eine Ansammlung von Dörfern, in denen die Gruppeninteressen von Familien den Vorrang vor Klasseninteressen hatten. Dies könnte die Erbsünde der muslimischen Bourgeoisie im marxisti-

176

schen Sinne gewesen sein. Sie versäumte es, ein Klassenbe-
wußtsein zu entwickeln." Selbst die zu Recht viel geschmähten
Kreuzfahrer brachten trotz kultureller Unterlegenheit gewisse
Formen des Rechtsstaates mit, die die arabisch-islamische Kultur
bis heute nicht kennt. Der König von Jerusalem konnte nicht unbeschränkt herrschen, als Lehensherr hatte er gegenüber seiner
Gefolgschaft gewisse Verpflichtungen. Seine muslimischen Geg-
ner waren, wie Salah ad-Din, oft überlegene Persönlichkeiten,
aber eben auch orientalische Despoten, die schrankenlos herrschen konnten.

Die Erbsünde des muslimischen Proletariats

Diese Situation hat sich nicht wesentlich geändert. Industrialisierung und Verwestlichung könnten im Laufe der Zeit zwar zu Veränderungen führen. Vorerst aber sind Städte wie Kairo, das der
Begegnung mit europäischer Moderne am längsten ausgesetzt ist,
von der „Erbsünde des muslimischen Proletariats" gekennzeich-
net: die Loyalitäten der Klientelgesellschaft bestimmen den Alltag
der Menschen. Der arme Fellache vom Lande fühlt eine stärkere
Bindung an seinen Verwandten, der eine hohe Regierungsposition
einnimmt und damit Pfründen zu vergeben hat, als zu seinen mit
ihm darbenden Klassengenossen aus dem Dorf. Loyalität verläuft
vertikal zu einem Patron und nicht horizontal innerhalb einer
„Klasse". „Gewaltenteilung" gibt es zwischen Familienverbänden,
nicht zwischen Gruppen einer „pluralistischen" Gesellschaft. So
war es immer. In islamischen Städten fügten die Bande der Clans
und Familien die Menschen in ein enges Abhängigkeitsverhältnis
von ihrem Be-Herrscher. Die Solidarität verlief, schreibt Lapidus
in seinem Werk „Muslimische Städte im späten Mittelalter", über
Klassengrenzen hinweg: „Bindungen der Patronage banden Diener
an Herren, Arbeiter und Handwerker an Kunden ... und letztlich
alle Menschen an den Mamluken-Staat."

Opposition? Eine Opposition gar, der das Recht zugestanden
würde, die Regierung abzulösen? Undenkbar in einer Gesellschaft, in der immer noch sehr persönliche Bindungen, nicht aber
Machtwechsel zwischen „gesellschaftlichen Gruppen" Grund-

prinzip des politischen Lebens ist. „Das Prinzip der Volkssouve-
ränität und der Repräsentation mit der zugrunde liegenden Vorstellung von freien und gleichen Individuen, die einen Teil ihrer
Rechte auf den Herrscher übertragen und ihn an den Konsens der
Beherrschten binden, war dem Islam fremd, in dessen klassischen
Dokumenten nicht von persönlichen Freiheitsrechten die Rede
war, sondern von den Pflichten der Untertanen in ihrer Eigenschaft als Mitglieder der muslimischen Gemeinschaft, umma" (Lexikon der Islamischen Welt, Stichwort „Verfassung"). Die Einheit
von Staat und „Kirche", besser die Einheit von Staat und Glauben,
ist das Ur-Ideal des Islam. Die Integristen wollen beides, wie ihr
Name sagt, wieder zusammenführen.

Wo heute „Opposition", wie in Ägypten, zugelassen ist, wird
sie als Ventil für die Unzufriedenheit der Menschen in den Dienst
der Herrschenden gestellt. Die Oppositionspresse in Ägypten darf
fast alles schreiben, was sie möchte. Doch alle Mitglieder der Opposition sind streng vom Geheimdienst überwacht. Denn ihrer
Definition nach steht die Opposition gegen die herrschende
Klientelgesellschaft. Andererseits werden auch Parteien (selbst
noch beim EG-Mitglied Griechenland) zu Bestandteilen der Klientelgesellschaft. Ein Führer schart seine Gefolgsleute wie in alten
Zeiten um sich, nur die Organisationsform ist eine andere – die
der Partei. (Andreas Papandreou zum Beispiel, der vorgeblich demokratische Sozialist, ist von seiner PASOK-Partei niemals wirklich demokratisch gewählt worden.) Parteiinterne Demokratie
gibt es auch in ägyptischen Oppositionsparteien kaum. Sie sind
weitgehend auf ihren jeweiligen Patron zugeschnitten. Ihre sozusagen natürliche Spitze hat eine solche Gesellschaft noch immer
in einem „Rais", einem Führer. Am Golf herrscht dieser absolut
über ein erbliches Familiengut, im Irak und Syrien reißt er brutal
die Macht an sich, in Tunesien und Ägypten läßt er sich durch
seine Klientel „wählen".

Die in Arabien noch immer dominierende Klientel-, Stammes-
und Clangesellschaft geht auf vorislamische Zeiten zurück. Ob
die Menschen nun in stadtähnlichen Siedlungen lebten oder als
Nomaden herumzogen – ihre Loyalität galt in erster Linie dem
Stamm und der Familie, welcher sie angehörten. „Ehre", Hoch-

zeit, Freundschaften, sozialer Status wurden vom Stamm bestimmt. Ira M. Lapidus schreibt in seinem umfassenden Werk „A History of Islamic Societies", die nahöstliche Welt sei durch den Islam zwar neu gestaltet worden, das komplexe institutionelle und kulturelle Erbe der vorislamischen Zeit, besonders die Organisation der Gesellschaften nach Stammes- und Familienverbänden, sei weitgehend erhalten geblieben. Diese „Lineage-Society", die am Tribalismus organisierte Gesellschaft sei in islamischen Formen neu organisiert worden. Mohammeds Ziel, eine stammes- und clan-übergreifende Gemeinschaft der Gläubigen zu schaffen, ist bis heute nicht voll erreicht – sowenig wie das Christentum Erfolg hatte, in Europa die einander bekriegenden Feudalherren – eine andere Form der Familienherrschaft – in Gottes Namen zu einigen.

Reaktionen

Doch es gibt immer wieder Muslime, die die geschichtliche Zwangsläufigkeit dieser Entwicklung in Frage stellen. Mustafa Mahmut etwa, der bereits erwähnte in Kairo lebende bekannte Arzt, „Theologe" und Autor sagt: „Im Islam an sich liegen die Ursachen für die Rückständigkeit mancher arabischer Gesellschaften nicht, wohl aber darin, daß die Muslime ihre Religion ausschließlich als etwas Metaphysisches betrachten, ihren Glauben in einer abstrakten Weise ausüben, sich bescheiden mit den fünf Gebeten am Tag und glauben, damit ihrer Pflicht Genüge getan zu haben." Mustafa Mahmut ist der Überzeugung, daß es die meisten Muslime versäumt hätten, sich zu bilden, es mithin selber zu verantworten hätten, daß ihre Gesellschaften, an europäischen Maßstäben gemessen, hinter dem Abendland zurückgeblieben seien. Zentrale Interpretation seiner Koranausgabe ist die erste dem Propheten vermittelte Offenbarung. Diese lautet: „Lies, im Namen deines Herrn." Mustafa Mahmut interpretiert diese Offenbarung als erstes göttliches Gebot des Islam: Jedermann solle lesen. „Vor dem Beten und Fasten, vor der Erfüllung des Glaubens und des Gesetzes sagte Gott: ,Lies'."

In der Mißachtung dieses Gebotes sehen manche Muslime, allerdings nicht sehr viele, die Malaise der islamischen Welt. Reformer wie Gamal ad-Din al-Afghani kritisierten im 19. Jahrhundert den verknöcherten Islam und sahen sich als erste mit dem Dilemma konfrontiert, Europa in vielen Dingen nachahmen zu müssen, um selbst überleben zu können. „Die Notwendigkeit, sich vom Westen anregen zu lassen, vom Westen zu lernen, wird damit ein zwiespältiges Unterfangen", interpretiert Arnold Hottinger die Problematik der Reformer. „Man verwestlicht sich mit dem Ziel, dem Westen zu widerstehen."

Gamal ad-Din al-Afghani glaubt, daß nicht Fatalismus, sondern Aktivität ein entscheidender Wesenszug des Islam zu sein habe. Dabei stützt er sich auf eine Koranstelle (Sure 13), in der es heißt, daß Gott an seinem Volke nichts verändere, solange dieses Volk nicht selber etwas ändere. Das bedeutet: Muslime sollen aktiv sein; keinesfalls sollen sie sich einem als unveränderbar erachteten Schicksal demütig beugen. Daraus zieht al-Afghani den Schluß, daß ein richtig verstandener Islam zu ähnlichen wissenschaftlichen und technischen Leistungen fähig sei wie Europa.

Bürgerkriege und Todfeindschaften

Auf die Politik des Nahen Ostens hat das Fortbestehen der überkommenen Gesellschaftsordnungen erhebliche Auswirkungen. Ohne ihre Kenntnis ist das Geschehen im Nahen Osten kaum zu verstehen. Wer absolut herrscht, delegiert keine Verantwortung. Wer jahrhundertelang absolut beherrscht wird, wagt keine Eigeninitiative. Wer deshalb in arabischen Gesellschaften bündige, auch amtliche Auskunft bekommen will, der muß – vielleicht mit Ausnahme Ägyptens und Jordaniens – bis zum Minister gehen. Weil man den kaum zu Gesicht bekommt, gibt es eben keine Auskünfte. Untere Beamten sind nicht dazu ausgebildet, selbstverantwortlich zu handeln; täten sie es, könnten sie solches Tun mit ihrer Stellung bezahlen, die der „Rais", der Führer, der Anführer des Clans ihm schnell nehmen könnte. Malise Ruthven drückt es treffend aus: „Das Fehlen legal anerkannter Institutionen, ob nun auf Staatsebene oder auf derjenigen kleineren Einheiten, ist zum großen Teil verantwortlich für den „informellen

Stil", der noch immer die muslimische Politik beherrscht und die Art, in der biologische Bande der Verwandtschaft noch immer politisch entscheidend sind."

Man hatte es sich, um ein anderes Beispiel aufzuführen, angewöhnt, die Kämpfe, die den Irak nach seiner Niederlage im Krieg um Kuwait erschütterten, als „Bürgerkrieg" zu bezeichnen. Das war insofern korrekt, als hier verschiedene „Bürger" eines „Staates" (wendet man diese Begriffe auf eine nahöstliche, autoritär regierte Stammes-Gesellschaft einmal an) gegeneinander um die Macht oder um die Teilhabe an der Macht kämpfen. Doch im Unterschied etwa zum Spanischen Bürgerkrieg, in dem auch im Namen zweier Ideologien gekämpft wurde, und zum amerikanischen Bürgerkrieg, in welchem die Sezession eines Landesteiles verhindert werden sollte, haben mittelöstliche Bürgerkriege einen wesentlichen zusätzlichen Aspekt. Sie sind in erster Linie Kriege zwischen Familienverbänden, Stämmen, Clans, die die Macht im „Staat" erobern oder verteidigen wollen.

Politische Zwillingspaare

Wer davon spricht, der Staatenwelt des Vorderen Orients ein Sicherheitssystem nach europäischem Vorbild verpassen zu wollen, verkennt, daß diese Region von Feudalstaaten beherrscht wird. Deren Führer agieren auf der Basis persönlicher Animositäten, Feindschaften oder auch Tod-Feindschaften, vor allem aber auf der Basis „dynastischer" Interessen. Ein politisches Zwillingspaar wie König Hussein von Jordanien und den PLO-Vorsitzenden Yassir Arafat haben andere politische Kulturkreise kaum aufzuweisen. Mal ist Yassir Arafat persona non grata in Amman, mal wird er mit arabischem Bruderkuß hofiert. Mal beschließen beide die Bildung gemeinsamer Verhandlungsdelegationen, mal trickst einer den anderen mit machiavellistischer List aus. Das Verhaltensmuster ist immer dasselbe: Jeder sucht für sich selbst den größtmöglichen politischen Profit zu erringen. Manchmal führt der Weg dahin über Konfrontation, manchmal über Kooperation mit dem Konkurrenten. So sind der König und der Vorsitzende zu den gewieftesten politischen Überlebenskünstlern der Region geworden. Ein anderes Paradebeispiel bietet das Verhältnis zwischen Syrien und dem Irak beziehungsweise zwischen Hafis al-Assad und Saddam Hussein al-Takriti. Beide hassen sich in erster Linie deshalb so sehr, weil sie sich in ihren politischen Verhaltensweisen – und in ihrer Brutalität – so ähneln.

Die europäische Staatenwelt hat Jahrhunderte benötigt, um zu einem, bis jetzt, stabilen Gleichgewicht zu kommen. Europäische Feudalstaaten haben sich seinerzeit ebenso bekämpft wie die Stämme oder Stammesstaaten im Orient. Erst nach zwei Weltkriegen kam Europa zur Ruhe. Angesichts des rapiden technischen Fortschrittes und des in Deutschland damit einhergehenden Verlustes an Geschichtsbewußtsein muß man an diese Fakten europäischer Geschichte erinnern, ehe man über die Gegebenheiten in einem Kulturkreis wie dem arabisch-islamischen die Nase rümpft. Allerdings wollen auch die Staaten Arabiens ein Teil der zusammenwachsenden modernen Welt sein. Wenn sie dies ernst nehmen, müssen sie allerdings ihren archaischen politischen Nihilismus überwinden, die „Pflanze der Freiheit", welche der ermordete libanesische Journalist Salim al-Lawsi vermißt, im Nahen Osten heimisch machen, ihr Clan-Denken überwinden und ihre Clan-Kriege beenden.

Literaturverzeichnis

Ajami, Fouad: The Arab Predicament. Cambridge 1981.

Augustin, Ebba: Jordanien im Spannungsfeld des Palästinakonfliktes. Magisterarbeit, Kiel 1987.

Baron, Xavier: Les Palestiniens – un peuple. Paris 1984.

Bidwell, Robin: The Two Yemens. London 1983.

Brockelmann, Carl: History of Islamic People. London 1982.

Corm, George: Le Proche-Orient Eclate. De Suez a l'invasion du Liban 1956–1982. Paris 1983.

Daum, Werber (Hrsg.): Jemen. Innsbruck / Frankfurt 1988.

Ende, Werner – Steinbach, Udo (Hrsg.): Der Islam in der Gegenwart. München 1984.

Faroqhi, Suraiya: Herrscher über Mekka. Die Geschichte der Pilgerfahrt. München–Zürich 1990.

Fathi, Hassan: Architecture for the Poor. The American University in Cairo Press, 1989.

Fedden, Robin: Egypt, Land of the Valley. London 1977.

Friedman, Thomas L.: Von Beirut nach Jerusalem. Deutsche Ausgabe 1989.

Gowers, Andrew – Walker, Tony: Behind the Myth. Yasser Arafat and the Palestinian Revolution. London 1990.

Grunebaum, G. E. von: Classical Islam. A History 600–1258. London 1970.

Haarmann, Ulrich (Hrsg.): Geschichte der Arabischen Welt. München 1987.

Hart, Alan: Arafat – Terrorist or Peacemaker? London 1984.

Heard-Bey, Frauke: From Trucial States to the Unites Arab Emirates. London 1982.

Heikal, Mohammed: Autumn of Fury. The Assasination of Sadat. London 1983.

Heikal, Mohammed: Sadat, das Ende eines Pharao. Düsseldorf 1984.

Hinnebush Jr. Raymond A.: Egyptian Politics under Sadat. The post-populist development of an authoritarian-modernizing state. Cambridge 1985.

Hirst, David: The Gun and the Olive Branch. The Roots of Violence in the Middle East. London 1984.

Hirst, David / Beeson, Irene: Sadat. London 1981.

Hitti, Philipp K.: History of the Arabs. 10. Auflage, London 1982.

Holden, David / Johns, Richard: Die Dynastie der Sauds. Düsseldorf 1983.

Holt, P. M.: Egypt and the Fertile Crescent 1516–1922. Ithaca 1985.

Holt, P. M. – Lambton, Ann K. S. – Lewis, Bernard (Hrsg.): The Cambridge History of Islam, Vol. 1 A. Cambridge 1980.

Hottinger, Arnold: 7mal Naher Osten. München 1988.

Hottinger, Arnold: Die Araber vor ihrer Zukunft. Geschichte und Problematik der Verwestlichung. Zürich 1988.

John, Robert – Hadawi, Sami: The Palestine Diary. 2 Bde. Beirut 1970.

Keppel, Giles: Le Prophete et Pharaon. Les mouvements islamistes dans l'Egypte contemporaine. Paris 1984.

Kewenig, Wilhelm: Die Koexistenz der Religionsgemeinschaften im Libanon. Berlin 1965.

al-Khalil, Samir: Republic of Fear, London 1989.

Khoury, A. Th. – Hagemann, L. – Heine, P.: Islam-Lexikon. Geschichte, Ideen, Gestalten, 3 Bde., Freiburg 1991 (Herder/Spektrum 4036)

Krämer, Gudrun: Ägypten unter Mubarak – Identität und nationales Interesse. Baden-Baden 1986.

Kreiser, Klaus – Diem, Werner (Hrsg.): Lexikon der Islamischen Welt. 3 Bände, Stuttgart 1974.

Lacey, Robert: The Kingdom. London 1981.

Lapidus, Ira M.: Muslim Cities in the Later Middle Ages. Cambridge 1984.

Lapidus, Ira M.: A History of Islamic Societies. Cambridge 1988.

Lewis, Bernard: Die Juden in der Islamischen Welt. München 1987.

Lewis, Bernard: Comment l'Islam a découvert l'Europe. Paris 1982.

Lewis, Bernard: The Arabs in History. Melbourne 1984.

Mahmut, Mustafa: The Quran. An Attempt at a Modern Reading. Kairo 1983.

Marr, Phebe: The Modern History of Iraq. London 1985.

McDermott, Anthony: Egypt. From Nasser to Mubarak. A Flawed Revolution. London 1988.

Mortimer, Edward: Faith and Power. The Politics of Islam. London 1982.

Moss Helms, Christine: Iraq – Eastern Flank of the Arab World. Washington 1984.

Mustafa Abu-Hakima, Ahmad: The Modern History of Kuwait 1750–1965. Montreal 1982.

Owen, Roger: The Middle East in the World Economy 1800–1914. London 1981.

Patai, Raphael: The Seed of Abraham. Jews an Arabs in Costant Conflict. New York 1987.

Patai, Raphael: The Arab Mind. New York 1983.

Rodinson, Maxime: Israel and the Arabs. London 1982.

Rodinson, Maxime: Die Araber. Frankfurt 1981.

Runciman, Steven: Geschichte der Kreuzzüge. München 1960.

Ruthven, Malise: Seid Wächter der Erde. Die Gedankenwelt des Islam. Frankfurt 1987.

Sacher, Howard M.: The Course of Modern Jewish History. New York 1990.

Safran, Nadav: Saudi Arabia – The Ceaseless Quest for Security. Cambridge 1985.

al-Sayyid Marsot, Afaf Lutfi: A Short History of Modern Egypt. Cambridge 1985.

al-Sayyid Marsot, Afaf Lutfi: Egypt in the Reign of Muhammad Ali. Cambridge 1984.

Schmidt, Jürgen: Die sabäische Wasserwirtschaft von Marib. In: Daum, Werner: Jemen.

Seale, Patrick: Asad. The Struggle for the Middle East. London 1988.

Stanford, J. Shaw – Ezel Kural Shaw: History of the Ottoman Empire and Modern Turkey. 2 Bde. Cambridge 1978.

Stewart, Desmond: Great Cairo – Mother of the World. The American University in Cairo Press. Kairo 1986.

Strauss Feuerlicht, Roberta: The Fate of the Jews. New York 1983.

Tibi, Bassam: Vom Gottesreich zum Nationalstaat. Islam und panarabischer Nationalismus. Frankfurt 1987.

Tibi, Bassam: Die Krise des modernen Islam. Eine vorindustrielle Kultur im wissenschaftlichen Zeitalter. München 1981.

Tibi, Bassam: Der Islam und das Problem der kulturellen Bewältigung sozialen Wandels. Frankfurt 1985.

Waterbury, John: The Egypt of Nasser and Sadat. The Political Economy of the Two regimes. Princeton 1984.

Weber, Max: Die protestantische Ethik. Originalausgabe Hrsg. v. Prof. J. Winckelmann. Gütersloh 1982.

Den Islam verstehen

Islam-Lexikon
Geschichte, Ideen, Gestalten
Herausgegeben von Adel Theodor Khoury, Ludwig Hagemann und
Peter Heine
Band 4036, drei Bände in Kassette
Der Islam ist weltweit im Vormarsch. Selbst in Europa gewinnt er
zunehmend an Einfluß. Eine Auseinandersetzung mit dieser
Religion, ihren Wurzeln und Ambitionen in Politik, Wirtschaft,
Kultur und Moral ist unerläßlich.

In über 450 Artikeln präsentiert dieses Lexikon dem Leser ein
genaues, differenziertes Bild des Islam. Es hilft,
Informationsdefizite zu beheben und Vorurteile zu korrigieren.
Mit allen wichtigen Stellen des Korans.

„Ein ausgezeichneter Überblick über 'Geschichte, Ideen und
Gestalten' des Islam. Dieses Lexikon liefert jene Informationen, die
für ein Verständnis der gegenwärtigen Unruhe innerhalb dieser
Weltreligion unerläßlich sind" (Bayerisches Fernsehen).

„Ein echter, wertvoller Gewinn, gleichsam eine
Gebrauchsanleitung für das Gespräch von morgen. Das
konkurrenzlose Standardwerk" (Rheinischer Merkur).

„Erschließt die komnplexe Welt des Islam in einer Weise, die es
bisher nicht gab" (Deutsche Welle).

HERDER / SPEKTRUM

Was steht hinter den Religionen?

Lexikon der Religionen
Grundbegriffe – Geschichte – Ideen
Herausgegeben von Hans Waldenfels
Begründet von Franz König
Band 4090
Die faszinierende Expedition in eine geheimnisvolle Welt:
Konfuzius, Buddha, Mohammed, Jesus, die untergegangenen
Religionen in Mesopotamien, indianische Hochkulturen, die
Götter der Antike, neue religiöse Bewegungen und Sekten – woran
Menschen glauben oder geglaubt haben, wird hier lebendig.

„In Fachkompetenz, Klarheit und Aktualität einzigartig"
(Süddeutscher Rundfunk).

„Ein Wörterbuch von hoher Qualität, in dem nicht nur Fachleute
und Studenten, sondern auch ganz allgemein Freunde der
Weltreligionen gern nachschlagen werden. Doch es ist nicht nur
ein Nachschlagewerk. Viele Beiträge sind so gehalten, daß man sie
wie Berichte lesen kann, die nicht nur fesselnd eine fremde Welt
erschließen, sondern auch einen bunten, fast vergessenen Kosmos
präsentieren. Eine spannende Lektüre" (Rheinischer Merkur).

HERDER / SPEKTRUM

Themen im Brennpunkt

Eugen Drewermann
Die Spirale der Angst
Der Krieg und das Christentum
Mit vier Reden gegen den Krieg am Golf
Band 4003

Ein Buch für eine neue Qualität des Zusammenlebens in Politik, Gesellschaft und Religion.

Elie Wiesel
Den Frieden feiern
Mit einer Vorrede von Václav Havel
Band 4019

„Wir kennen den Preis, den man für Kriege bezahlt. Welchen Preis darf man für den Frieden bezahlen?"

Stephan H. Pfürtner
Fundamentalismus
Die Flucht ins Radikale
Band 4031

Eine glänzende Analyse, – von den Fußball-Hooligans bis zum religiösen Fanatismus.

Eugen Drewermann
Der tödliche Fortschritt
Von der Zerstörung der Erde und des Menschen im Erbe des Christentums
Band 4032

Eine erschreckende Bilanz – zugleich ein Plädoyer für ein neues Menschenbild.

Christine von Weizsäcker/Elisabeth Bücking (Hrsg.)
Mit Wissen, Widerstand und Witz
Frauen für die Umwelt. Portraits
Band 4093

Sie blockieren, demonstrieren und intervenieren. In allen Teilen der Welt kämpfen engagierte Frauen den Kampf für die Umwelt, gegen Lobbyisten und Dummheit.

HERDER / SPEKTRUM

Thea Bauriedl
Wege aus der Gewalt
Analyse von Beziehungen
Band 4129

Die bekannte Psychoanalytikerin entlarvt die Ursachen aller Aggression.
Ein Buch, das hilft, Konflikte zu verstehen und zu bewältigen.

Fremd in einem kalten Land
Ausländer in Deutschland
Herausgegeben von Namo Aziz
Band 4130

Fremdsein ist soziale Realität, existentielle Erfahrung und politisches
Problem zugleich. Ein engagiertes Plädoyer für einen neuen Umgang
miteinander.

Erwin K. und Ute Scheuch
USA – ein maroder Gigant?
Amerika besser verstehen
Band 4135

Das Panorama eines einzigartigen, widersprüchlichen Kontinents.
Pflichtlektüre für jeden, der Amerika kennenlernen will, wie es wirklich
ist.

Franz Xaver Kaufmann
Der Ruf nach Verantwortung
Risiken, Ethik und Sicherheit in einer gefährlichen Welt
Band 4138

Läßt sich die wachsende Unübersichtlichkeit unserer Lebensverhältnisse
durch ethische Appelle in den Griff bekommen?

Richard Schröder
Deutschland schwierig Vaterland
Band 4160

Warum uns die Einheit zu schaffen macht: Wege aus Verliererfrust und
Siegesdünkel. Der bestechende Entwurf für eine solidarische Republik.

HERDER / SPEKTRUM

Kulturen wachsen zusammen

HERDER / SPEKTRUM

gel. v. 23. – 27.9.96 in Basel und Freiburg!

Hugo M. Enomiya-Lasalle
Zen – Weg zur Erleuchtung
Einführung und Anleitung
Band 4121

Jakob J. Petuchowski
„Es lehrten unsere Meister..."
Rabbinische Geschichten
Band 4132

Hugo M. Enomiya Lassalle
Der Versenkungsweg
Zen-Meditation und christliche
Mystik
Band 4142

Rudolf Kaiser
Indianischer Sonnengesang
Die Weisheit der Erde in der
Spiritualität der Indianer
Band 4143

Georg Fohrer
**Geschichte der israelitischen
Religion**
Band 4144

Dalai Lama
Einführung in den Buddhismus
Die Harvard-Vorlesungen
Band 4148

Idries Shah
**Die fabelhaften Heldentaten
des vollendeten Narren und
Meisters Mulla Nasrudin**
Band 4164

Das Ethos der Weltreligionen
Islam, Hinduismus,
Buddhismus, Judentum,
Christentum, Konfuzianismus
Herausgegeben von Adel
Theodor Khoury
Band 4166

Adel Theodor Khoury
Der Islam
Sein Glaube, seine
Lebensordnung, sein Anspruch
Band 4167

Mahatma Gandhi
Texte zum Nachdenken
Band 4173

HERDER / SPEKTRUM